Otto J. Seiler

Kurs Südamerika

Otto J. Seiler

Kurs Südamerika

125 Jahre Hamburg-Südamerikanische
Dampfschifffahrts-Gesellschaft (1871-1996)

Ein bedeutsames Kapitel deutsch-
lateinamerikanischer Kulturgeschichte

SEIT ℰℳℒ 1789

Verlag E.S. Mittler & Sohn GmbH
Hamburg · Berlin · Bonn

Bildnachweis

Ceres Verlag, Bielefeld, Abb. 4 S.12
Blohm + Voss AG, Hamburg, Archiv, S. 42 u.
Bundesbank, Frankfurt , Abb. 6, S. 12
Commerzbibliothek , Hamburg , Abb. 8, S. 13
Cram, de Gruyter & Co., Hamburg, 1957. Künstlerin: Waltraud Weber, Düsseldorf, S. 33 unten;
Furness, Withy & Company, Ltd., Redhill, S. 100
Hamburger Hafen- und Lagerhaus-Aktiengesellschaft (HHLA), Hamburg, S. 34
Hanseatischer Merkur, Verlag, Hamburg, Wirtschaftsgeschichtl. Forschungsstelle e.V., Hamburg,
 S. 14 (Abb. Carl Woermann);
Hapag-Lloyd Archiv , Hamburg, (Abb.Bolten) S. 14, 26, 30, 31, 33 o.., 75, 97
Herder, Verlag, Freiburg i. Breisgau, 1968, (aus Friedrich Böer: "Alles über ein Schiff"), S. 80, 81, 82, 83, 84, 91, 92,
93, 94, 95, 96
Imperial War Museum, London, S. 66 o.
Kludas, Sammlung Arnold, Ölgemälde v. Otto Schwarz, S. 29 u.; Foto Hans Hartz,
S. 46 o.; aus Sammlung Dr. Jürgen Meyer S. 47; S. 60 u., S. 63 u.,
Laeisz, F., Hamburg, S. 15
Meyer, Sammlung Dr. Jürgen S. 47
Preußischer Kulturbesitz, Berlin , Bildarchiv Abb. 5, S. 12
Spandau, Kreis der Freunde und Förderer des Heimatmuseums, e.V. S. 13
Staatliche Landesbildstelle, Hamburg, Foto J. Hamann Mai 1947, S. 66 u.
World Ship Society, The, Kendral, Cumbria S. 64
Sämtliche übrigen hier nicht aufgeführten Abbildungen und Dokumente entstammen dem Archiv der
HAMBURG SÜD, Hamburg

CIP-Titelaufnahme der Deutschen Bibliothek

Seiler, Otto J.:
Kurs Südamerika, 125 Jahre Hamburg-Südamerikanische Dampfschifffahrts Gesellschaft
Otto j. Seiler. - Hamburg : Mittler, 1996
 ISBN 3-8132-0523-1

ISBN 3-8132-0523-1
© 1996 by Verlag E.S. Mittler & Sohn GmbH, Hamburg
Alle Rechte, insbesondere das der Übersetzung, vorbehalten
Titelbild: Werbeplakat der Hamburg Süd-Amerik. D.G. (Exponat 43)
Vorsatz: Der Hamburger Freihafen aus der Vogelperspektive. Farblithographie von F.C.A. Lill, um
1890 (Exponat 36)
Nachsatz: Tabelle: Columbus Line. The Fleet 1957-1987 (Exponat 174)
Rückseite: die »Cap San Diego« in voller Fahrt
Layout und Produktion: Jochen Bock
Druck und Bucheinband: Boss Druck, Kleve
Printed in Germany

Inhaltsverzeichnis

Vorwort von Rudolf August Oetker   7

Einleitung   9

Die HAMBURG SÜD erschließt dem deutschen Außenhandel ein neues
Fahrtgebiet (1871-1900)   11

    Auswandererbeförderung   20

Ausbau der Passagierschiffahrt im Zeichen scharfer internationaler
Konkurrenz (1901-1914)   25

    Patagonienfahrt   30
    Fährdienst von Buenos Aires nach Montevideo   32

Erster Weltkrieg und Versailler Vertrag (1914-1919)   41

Die HAMBURG SÜD erringt zum zweiten Mal die Spitzenposition
im Südatlantik: Neuanfang 1919-1939   43

    Neugliederung des Fahrtgebietes Südamerika Ostküste 1934/35   61

Der Zweite Weltkrieg und seine Folgen (1939-1949)   67

Die HAMBURG SÜD nimmt ihren Südamerika-Ostküsten-Dienst
wieder auf (1950-1980)   71

    Was wurde aus den deutschen Einwanderern in Brasilien?   73
    Kühltonnage   76
    Die »Cap-San«-Schiffe: Höhepunkt und Abschluß der konventionellen Frachtfahrt   77

40 Jahre Columbus Line (1957-1997)   79

    90 Jahre Inter-America Service (1907-1997)   79

Mit der Containerfahrt beginnt ein neues Zeitalter in der Seeschiffahrt   81

    Liniendienst Nordamerika Westküste / Südamerika Westküste (Columbus Line)   87
    Liniendienst Nordamerika Westküste / Australien / Neuseeland (Columbus Line)   88
    Liniendienst Nordamerika Ostküste / Australien / Neuseeland (Columbus Line)   88
    Liniendienst Nordeuropa / Australien / Neuseeland
    und Südpazifik (HAMBURG SÜD)   89
    Vollcontainerdienst auch im Verkehr Europa / Südamerika
    Ostküste (HAMBURG SÜD)   89

Die HAMBURG SÜD erweitert ihr Transportangebot durch Erwerb renommierter ausländischer Reedereien   **101**

Liniendienst Nordeuropa / Südamerika Westküste (HAMBURG SÜD)   101
Liniendienst Nordeuropa / Karibik / Südamerika Nordküste (HAMBURG SÜD)   101
Liniendienst Mittelmeer / Südamerika Ostküste (Ybarra CGM Sud)   102
Liniendienst Nordeuropa / Mittelmeer / Nahost (DNOL Deutsche Nah-Ost-Linien)   102
Containerpark   **103**
Rudolf A. Oetker Trampdienst   **103**
Star-Reefers Pool   103
HAMBURG SÜD The Shipping Group   **105**
Tochtergesellschaften, Zweigniederlassungen und Trade Names   105
Sprecher der Geschäftsführung   105

Die Zukunft hat schon begonnen: Vom Seetransporteur zum globalen Transportunternehmen   **107**

Anhang – Reisebericht eines deutschen Auswanderers mit Dampfer »Rio« von Hamburg nach Buenos Aires im Dezember/Januar 1881/82 (Auszug)   **108**

Personen-, Orts- und Sachregister   **115**

Vorwort

Das vorliegende Buch war ursprünglich als ein Katalog zur gleichnamigen Ausstellung konzipiert. Im Dialog mit dem Autor und der Geschäftsführung der Reederei hat es sich aber zu einem umfassenden Jubiläumsbuch über 125 Jahre Schiffahrtsgeschichte unter der rot-weißen Flagge der HAMBURG SÜD entwickelt.

Diese Ausstellung lädt den Besucher zu einer Seereise von 125jähriger Dauer durch die Höhen und Tiefen unternehmerischen Handelns von vier Generationen ein.

Der kulturelle und wirtschaftliche Brückenschlag zu den Ländern Lateinamerikas und die darauf folgende Auswanderung dorthin wurde erst durch die regelmäßigen Dampferabfahrten der HAMBURG SÜD möglich. Höhepunkt dieser Entwicklung waren die wunderschönen Passagierschiffe mit ihren drei Schornsteinen in den ersten 30 Jahren unseres Jahrhunderts. Hier seien genannt die »Cap Blanco«, »Cap Trafalgar«, »Cap Polonio« und als schönstes und berühmtestes Schiff die »Cap Arcona«.

Mit der staatlichen Einigung Deutschlands unter Fürst Bismarck setzte ein erfreulicher Wirtschaftsaufschwung ein. Die Bevölkerung wuchs in dieser Zeit von 40 auf 67 Millionen Einwohner an und es kam zu einer vermehrten Ausfuhr von Industrieprodukten nach Übersee, was die Bezahlung des wachsenden Bedarfs an Rohstoffeinfuhren ermöglichte.

Zwei verlorene Weltkriege innerhalb von 30 Jahren brachten für die deutschen Reeder zweimal den Totalverlust ihrer gesamten Schiffstonnage einschließlich aller Auslandsinvestitionen. Es war ein Substanzverlust, den kein anderer deutscher Industriezweig in diesem katastrophalen Ausmaß erleben mußte.

Vor dieser desolaten Situation stand auch die HAMBURG SÜD im Jahre 1950. Damals haben wir uns entschlossen, der HAMBURG SÜD mit Hilfe der staatlichen Finanzierungshilfen einen Neuanfang zu ermöglichen. Dieses war eine glückliche Entscheidung. Inzwischen konnte die Reederei HAMBURG SÜD ihren guten Ruf als innovative multinationale Transportgruppe im In- und Ausland festigen; sie ist ein wesentlicher Bestandteil der Oetker-Gruppe.

So hat die Jubilarin allen Grund, ihren 125jährigen Geburtstag als große private deutsche Schiffahrtsgesellschaft mit Zuversicht am 4. November 1996 zu feiern. Den Geschäftsführungen und allen Mitarbeiterinnen und Mitarbeitern sei an dieser Stelle für ihr Engagement und ihre Leistungen herzlich gedankt.

Ich wünsche der schönen Ausstellung und dem Buch viel Erfolg.

Hamburg, im August 1996

Rudolf August Oetker

CAP BLANCO

TAVFSCHEIN

ir Neptun, „Beherrscher aller Meere,
Seen, Flüsse, Bäche, Sümpfe und Moräste"

geruhen hiermit, die in allerhöchst Unserer Gegenwart an Bord des S.S. „Cap Blanco"
stattgefundene Aequatortaufe
der Frau H. Kiebach allergnädigst zu bestätigen.
Nachdem dieselbe vom Schmutze der nördlichen Halbkugel
gereinigt und mit Unserem geheiligten Linienwasser ge-
tauft wurde, erhielt dieselbe den Namen:

„Seerose"

Gegeben im Jahre des Heils 1913
am 1. Tage des 7. Monats.

Neptun R.

Einleitung

Dieses Buch ist sowohl eine eigenständige gestraffte Geschichte der Reedereigruppe HAMBURG SÜD als auch ein Führer durch die gleichnamige Ausstellung auf dem Museumsschiff „Cap San Diego" an der Überseebrücke im Hamburger Hafen, worin die einzelnen Exponate in der Nummernfolge erläutert bzw. mit ihren Bildunterschriften erwähnt sind. In diesem Führer konnte natürlich nicht jedes dieser unterschiedlichsten Ausstellungsstücke abgebildet werden, sondern, wie es bei Katalogen üblich ist, nur eine Auswahl der schönsten Abbildungen bzw. Schiffsmodelle oder Farbposter wiedergegeben werden.

Auch nimmt sich nicht jeder Besucher die Zeit, die als roter Faden des Lebenslaufes des Jubilars gedachten Texte über die einzelnen Lebensabschnitte durchzulesen bzw. den dort ausgestellten Dokumenten und zeitgenössischen Berichten mehr als einen flüchtigen Blick zu widmen. Den Großteil findet er indes in diesem Buch in noch ausführlicherer textlicher Erläuterung abgedruckt und kann sie nun zu Hause in Ruhe nachlesen und damit seine Eindrücke von der Ausstellung noch vertiefen.

Das Buch behandelt die bedeutendsten Ereignisse und Entwicklungsstufen des Unternehmens als eine Kombination von Chronologie, zeitgeschichtlichen Hintergründen, Augenzeugenberichten und einer Fülle von Bildmaterial, bei dem der Autor aufgrund des Verlustes des gesamten Firmenarchivs der HAMBURG SÜD in der Flutkatastrophe von 1962 auf zahlreiche Leihgaben und Drittquellen angewiesen war. Die Wertung der Ereignisse entstammt seiner eigenen Feder. Dennoch konnte ab 1963 ein neues Firmenarchiv durch wertvolle Schenkungen und Einsendungen aus privater Hand entstehen, dessen Material ebenfalls wesentlich zur Ausgestaltung der Ausstellung beigetragen hat.

Die HAMBURG SÜD ist die letzte deutsche Großreederei, die ihre ursprüngliche Identität in ihrer 125 jährigen Geschichte nach innen und außen bewahren konnte, denn ihre Schiffe führen noch die gleiche Reedereiflagge wie 1871 und auch die Schornsteinfarben weiß mit roter Kappe blieben seit 1911 unverändert. Lediglich die Unternehmensform hat sich 1951 von einer Aktiengesellschaft in eine Kommanditgesellschaft , die durch eine zwanzigjährige Einzelfirmaphase von 1961-1981 unterbrochen wurde, gewandelt. Schon bald nach ihrer Gründung wurde die HAMBURG SÜD aufgrund ihrer überragenden Leistung nicht nur in ihrem Heimathafen Hamburg, sondern auch in den von ihren Schiffen angelaufenen Häfen und Ländern in Übersee zu einer unverzichtbaren Institution von starker kultureller Ausstrahlung. Inzwischen sind eine ganze Reihe von ausländischen renommierten Konkurrenzlinien wie die altehrwürdige britische Royal Mail Line (gegründet 1839) von ihr übernommen und in ihr globales Liniennetz organisch eingegliedert worden. Diese Verschmelzungen sind ein bedeutsames Indiz für die wachsende weltweite Zusammenarbeit in der internationalen Schiffahrtsszene.

Bleibt mir zum Schluß noch Dank zu sagen für den von der Geschäftsführung der HAMBURG SÜD erteilten Auftrag, dieses Begleitbuch zur Ausstellung zu erstellen.

Hierbei erhielt ich besondere Unterstützung durch den langjährigen Leiter der PR Abteilung und Spiritus Rector der Ausstellung, Herrn Jochen Meyn, dem mein besonderer Dank gebührt. Desgleichen bin ich Herrn Arnold Kludas für die großzügige Zurverfügungstellung einer ganzen Reihe seltener Fotos und Faltblätter aus seinem eigenen Bildarchiv sehr verbunden.

Schließlich und vor allem danke ich meiner Frau Ilse für Ihre Bereitschaft, Teile meines Buches kritisch gegenzulesen und in ihr stets eine geduldige Beraterin zu finden.

Hamburg, im August 1996   *Otto J. Seiler*

Abb.: 1

Die HAMBURG SÜD erschließt dem deutschen Außenhandel ein neues Fahrtgebiet (1871-1900)

Die HAMBURG SÜD ist die letzte deutsche Großreederei, die in den einhundertfünfundzwanzig Jahren ihres Bestehens ihre Identität und Reedereiflagge trotz aller zwischenzeitlichen umwälzenden Entwicklungen bis zum heutigen Tage bewahren konnte.

Mehr als 300 Jahre lang spielten die Deutschen bei der Erschließung der Neuen Welt (Nord-, Mittel- und Südamerikas) zumindest wirtschaftlich nur die Rolle von Statisten. Als gespaltene und von Kriegen heimgesuchte Nation fehlten Deutschland alle Voraussetzungen, um gleichberechtigt neben den großen Seemächten an der kolonialen Entwicklung der Länder der Neuen Welt seit ihrer Entdeckung ab 1500 zu partizipieren.

Erst mit dem Abfall der Kolonien von ihren Mutterländern (USA 1776, die lateinamerikan. Länder folgten ab 1818) öffneten sich auch deutschen Schiffen die amerikanischen Häfen. Die beiden Hansestädte Hamburg und Bremen waren als die eigentlichen Träger des überseeischen deutschen Außenhandels mit unter den ersten, die mit ihnen Handels-, Schiffahrts- und Freundschaftsverträge abschlossen, die ihnen die erforderlichen Anlaufrechte sicherten, so unter anderem mit Brasilien am 17. November 1827.

Daraus entwickelte sich alsbald ein lebhafter bilateraler Handelsverkehr mittels **Segelschiffen**. Ihre kleinen Kapazitäten von durchschnittlich 200 tons und ihre wetterbedingten langen Reisezeiten erwiesen sich indes angesichts des wachsenden Handelsvolumens auf die Dauer als unwirtschaftlich, was den in der Südamerikafahrt engagierten Reeder und Schiffsmakler **August Bolten** bewog, mit anderen renommierten Außenhandelsfirmen am **4. November 1871** gemeinsam eine regelmäßige **Dampferlinie** unter dem Namen **Hamburg-Südamerikanische Dampfschifffahrts-Gesellschaft** zu gründen. Er hatte bereits 1847 Deutschlands größte Reederei, die Hamburg-Amerika Linie (HAPAG) gegründet, die Hamburg mit der Ostküste der USA und Westindien verband. Der **HAMBURG SÜD**, wie sie alsbald nur noch genannt wurde, war ein großartiger Aufstieg beschieden, und sie konnte aufgrund des wachsenden Handelsvolumens ihr Dampfer-Liniennetz in immer dichterer Abfahrtenfrequenz auf alle wichtigen Häfen Mittel- und Südbrasiliens sowie des La Plata ausdehnen und durch ihre Pünktlichkeit und Zuverlässigkeit eine hervorragende Auslastung ihrer Fracht- und Passagekapazitäten erreichen. Ihre Geschäftsberichte und Jahresstatistiken legen beredtes Zeugnis ab von der enormen Dynamik, mit der dieses neue Verkehrsgebiet für den deutschen Außenhandel erschlossen wurde. Sie begann ihren Dienst mit 3 Dampfern von 750 bis 1.000 tons und verfügte im Jahre 1900 über 32 Schiffe mit insgesamt 127.000 tons.

Erfolg spricht sich schnell herum, und so ließ die Konkurrenz nicht lange auf sich warten: Am 1. März 1876 begann auch der Bremer **Norddeutsche Lloyd** einen regelmäßigen Dampferdienst ab Bremerhaven über Antwerpen nach Brasilien und den La Plata-Häfen. Zur Vermeidung eines für beide Seiten verlustreichen Ratenkrieges verständigte man sich innerhalb kurzer Zeit. Dieses gelang indes nur für einige Jahre mit der Hamburger Reederei **A.C. de Freitas & Co.**, die ab 1892 einen Paralleldienst von Hamburg nach Süd- und später Mittelbrasilien eröffnete, der ab 1900 in einen harten Konkurrenzkampf ausartete, bei dem schließlich die

HAMBURG SÜD obsiegte, als die Schiffe der Firma de Freitas von der mächtigeren **HAPAG** übernommen wurden, was zu einer **Betriebs-gemeinschaft** mit letzterer führte.

1 Zollplatz vor Buenos Aires um 1865. Nach einer zeitgenössischen Lithographie von Deroy.

2 Handels- und Schiffahrtsvertrag der Hansestädte Hamburg und Bremen mit dem Kaiserreich Brasilien am 17. November 1827.

3 Exportstatistik des Hafens Santos der Jahre 1850-1854.

4 Brigg »Elbe« der Firma Theodor Wille brachte die ersten Partien Santos Kaffee um 1850 nach Hamburg.

5 Kaiserproklamation im Schloß von Versailles am 18. Januar 1871. Gemälde von Anton von Werner.

Abb.: 5

Es bedurfte dreier Kriege, bis die Einigung Deutschlands unter Preußens Führung mit der feierlichen Ausrufung König Wilhelms I. zum Deutschen Kaiser am 18. Januar 1871 in der Residenz der französischen Könige, dem Schloß von Versailles, gelang. Schöpfer des 2. Kaiserreiches war Bundeskanzler Otto von Bismarck. Die deutsche Industrie und die hanseatischen Kaufleute erhofften sich von dieser staatlichen Einigung zu Recht einen starken Wirtschaftsaufschwung.

6 Goldwährung (10 und 20 Gold-Mark Münzen, Banknoten der Reichsbank).

Die Gründung des Deutschen Reiches ermöglichte endlich, das Münzwesen in Deutschland zu vereinheitlichen und zugleich zu reformieren. Die Münzgesetze von 1871 und 1873 brachten dem Reich dank dem durch die Kriegsentschädigung von Frankreich gewonnenen Goldvorrat (5 Milliarden Franken) die Goldwährung. Seit 1909 zirkulierten neben den Goldmünzen einlösbare Reichsbanknoten; die Einlösungspflicht für sie wurde beim Ausbruch des Ersten Weltkrieges aufgehoben.

Das deutsche Münzgesetz bestimmte, daß aus 1 kg Gold 2790 Reichsmark geprägt wurden: 139 halbe Stücke über 20 Reichsmark oder 279 Stücke über 10 Reichsmark. Ein Zehnmarkstück hatte also einen Goldgehalt von $1/279$ kg = 3,58423 g.

Abb.: 6

7 Juliusturm der Zitadelle von Spandau. Festungsturm in Spandau, in dem bis 1914 gemünztes Gold im Werte von 120 Millionen Mark (aus der französischen Kriegsentschädigung von 1871) als Reichskriegsschatz aufbewahrt wurde.

Die Gründerzeit

Nach der Reichsgründung löste in der sogenannten Gründerzeit der Jahre 1871-73 die starke Goldzufuhr infolge der französischen Kriegskontribution, die im Juliusturm der Spandauer Zitadelle deponiert wurde, eine Welle von Neugründungen von Aktiengesellschaften als Spekulationsobjekte aus, die zu einer kurzen Scheinblüte führten, bis ein gewaltiger Kurssturz an den Börsen im Oktober 1873 unzählige Firmenzusammenbrüche und Konkurse auslöste, die nicht nur die Bankenwelt, sondern die gesamte gewerbliche Wirtschaft und den Handel in Mitleidenschaft zogen. So entstanden allein in Preußen 1871/72 etwa 780 Aktiengesellschaften gegenüber nur etwa 300 zwischen 1790 und 1870. Die Gründerjahre gaben Anlaß zur grundlegenden Reform des Aktienrechtes von 1884.

Handels-
und
Schiffahrtsvertrag

zwischen

den Senaten der freien und Hansestädte Lübeck, Bremen und Hamburg,

und

Sr. Majestät dem Kaiser von Brasilien,

unterzeichnet zu Rio de Janeiro am 17. November 1827.

Die Stipulationen des Vertrags treten in allen Beziehungen zwischen Brasilien und Hamburg mit dem 18. März 1828 als dem Tage der Ratificationsauswechselung in Kraft.

Nach dem authentischen Text in Portugiesischer und Französischer nebst beygefügter Uebersetzung in Deutscher Sprache.

H a m b u r g , 1 8 2 8.
Gedruckt bey Johann August Meißner, E. Hochedl. und Hochw. Raths Buchdrucker.

— 7 —

Artikel 1.

Alle Häfen und Ankerplätze der gedachten Staaten, welche den Schiffen irgend einer andern Nation offen sind, sollen es auch respective den Brasilischen und Hanseatischen Schiffen seyn.

Artikel 2.

Jedes Schiff unter Lübecker, Bremer oder Hamburger Flagge, welches ausschließlich Bürgern eines dieser Freistaaten gehört und dessen Capitain ebenfalls Bürger eines derselben ist, soll hinsichtlich aller diese Convention betreffenden Gegenstände als ein Lübecker, Bremer oder Hamburger Schiff betrachtet werden. Genau dasselbe gilt umgekehrt in Betreff der Brasilischen Schiffe. Die regelmäßig ausgefertigten Seepässe sollen unter den hohen Contrahenten als Beweis der Nationalität Brasilischer und Hanseatischer Schiffe gelten.

Artikel 3.

Die Lübecker, Bremer und Hamburger Schiffe, welche in Brasilische Häfen einlaufen oder von da auslaufen, so wie die in
die

Abb.: 8

Abb.: 9

Abb.: 10

4. November 1871

Gründungstag der Hamburg-Südamerikanischen Dampfschifffahrts-Gesellschaft als Aktiengesellschaft mit Sitz in Hamburg (Rödingsmarkt 21).
Porträts der 11 Gründerpersönlickeiten (Inhaber oder Teilhaber der beteiligten Gesellschaften)

   8 Heinrich Amsinck (1824-1883), Außenhandelskaufmann

   9 Carl Woermann (1813-1880), Außenhandelskaufmann und Reeder

  10 August Bolten (1812-1887), Schiffsmakler und Reeder

  11 John Berenberg-Gossler (1839-1913), Außenhandelskaufmann und Bankier

  12 Friedrich W. Burchard (1824-1892), Außenhandelskaufmann

  13 Heinrich Michahelles (1827-1882), Außenhandelskaufmann

  14 Carl H. Abegg(1823-1903), Kaufmann

  15 Ferdinand Laeisz (1801-1887), Reeder

  16 Edgar Ross (1807-1885), Bürgermeister und Reeder

  17 Adolph Tesdorpf (1811-1887), Senator

  18 Commerz- und Disconto-Bank, Hamburg, Gründergesellschaft

  19 Verwaltungsrat

Auf der konstituierenden Hauptversammlung am 23. November 1871 wurden 5.000 Aktien im Nennwert von 250 Talern im Gesamtwert von 3,75 Millionen Mark gezeichnet. Als Exekutivorgan, was dem heutigen Vorstand einer AG entspricht, wurde ein aus sieben Firmen gebildeter Verwaltungsrat berufen unter Vorsitz der Firma Johannes Schuback & Söhne in der Person ihres Seniorpartners Heinrich Amsinck. Nach seinem altersbedingten Ausscheiden übernahm die Firma F. Laeisz, die spätere berühmte »Flying P-Line« mit ihren Großseglern, vertreten durch ihren Seniorpartner Ferdinand Laeisz, den Vorsitz.

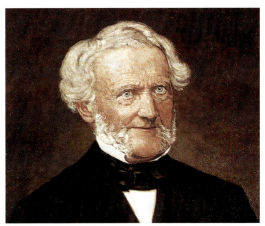

Abb.: 15

Abb.: 20

Als Schiffsmakler bzw. Generalagent fungierte die Firma Aug. Bolten, Wm. Miller's Nachfolger.

Die drei ersten Vorsitzenden des Verwaltungsrates:

    Heinrich Amsinck (1871-1881)

    Ferdinand Laeisz (1882-1884)

    Carl Laeisz (1885-1896) (ab 1897-1901 Vorsitzender des Aufsichtsrats)

20 Theodor Amsinck, Mitglied des 1897 neu gebildeten Vorstandes (Direktion) von 1897-1937.

21 Panoramabild des Hamburger Hafens 1871

22 D »Santos« (1), Bj. 1869, 960 BRT, 10 Kn, Bes. 30

23 Die ersten drei Schiffe der HAMBURG SÜD: Die Dampfer »Rio« (1), »Santos« (1) und »Brasilien«

24 Tablett mit Abbildung der drei ersten Dampfer

25 Gründunsurkunde der HAMBURG SÜD

Abb.: 22

Abb.: 23

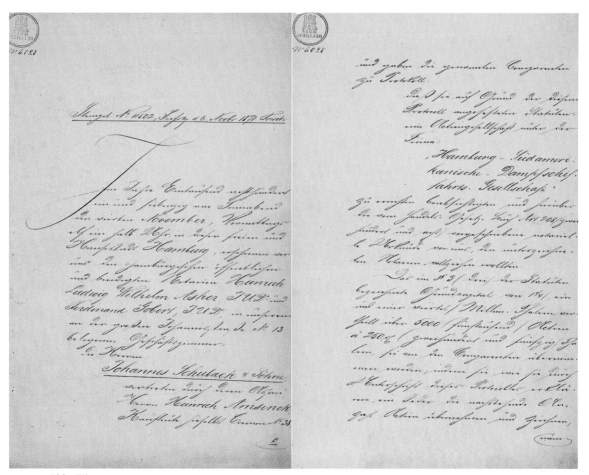

Abb.: 25

125 Jahre
HAMBURG SÜD

Wir gratulieren und wünschen Ihren Schiffen allzeit gute Fahrt
und immer eine Handbreit Wasser unter dem Kiel.

Hochwertige Marine-Schmier- und Kraftstoffe im weltweiten Verbund

Abb.: 26

Abb.: 28

Abb.: 29

Abb.: 32

Abb.: 31   Foto: Commerzbibliothek Hamburg

Die Gesellschaft erwarb gleich zu Beginn die drei Dampfer der durch die Firma Aug. Bolten Wm. Miller's Nachfolger vertretenen Hamburg-Brazilian Steamship Co.: D »Rio« (1.700 BRT), D »Santos« (960 BRT) und D »Brasilien« (1.300 BRT), so daß sofort ein monatlicher Dienst von Hamburg über Lissabon nach Rio de Janeiro, Bahia und Santos eröffnet werden konnte. Schon im Frühjahr 1872 wurde der Dienst auf den La Plata ausgedehnt. Bereits ein Jahr später konnte angesichts der günstigen Ergebnisse die Frequenz der Abfahrten nach Mittelbrasilien verdoppelt werden. Jahr für Jahr traten nun die von der HAMBURG SÜD in Auftrag gegebenen Neubauten hinzu, die einen systematischen Ausbau des Liniennetzes ermöglichten.

Bis 1889 hatte die HAMBURG SÜD kein einziges ihrer Schiffe verloren; ältere Dampfer wurden rechtzeitig verkauft. So bildete der Aufbau der Reederei in den ersten 25 Jahren das Bild einer überlegt-expansiven und sehr erfolgreichen Geschäftspolitik.

Die Verwaltungssitze der HAMBURG SÜD im Wandel der Zeiten:

26 Erster Firmensitz der HAMBURG SÜD am Rödingsmarkt Nr. 21 ca. 1872
27 Kontorräume der HAMBURG SÜD Ecke Cremon/Holzbrücke 8 im Hause der Firma Johannes Schuback & Söhne ca. 1880, bevor es durch ein eigenes Verwaltungsgebäude im neoklassizistischen Stil an der gleichen Stelle in den 90er Jahren ersetzt wurde
28 Das Verwaltungsgebäude der HAMBURG SÜD Cremon/Holzbrücke 8 der 90er Jahre
29 Erweiterungsbau der HAMBURG SÜD zu Beginn des 20. Jahrhunderts
30 Eine Reise von Hamburg nach Buenos Aires mit Dampfer »Rio«, Capt. J.H. Brandt im Dezember 1881. Reisebericht eines jungen deutschen Auswanderers (Kajüte)
31 D »Petropolis« im Hamburger Hafen im Jahre 1882
32 Ilha das Palmas: von den Besatzungen angefertigtes Gästebuch der Jahre 1893-97.

Eine besondere Geißel für die internationale Schiffahrt des 19. Jahrhunderts bildete das insbesondere in Santos aber auch in den übrigen brasilianischen Häfen immer wieder auftretende **gelbe Fieber**. Ganze Schiffsbesatzungen von Seglern und Dampfern fanden dort durch diese Tropenkrankheit den Tod. 1892 hat daraufhin die HAMBURG SÜD die Santos vorgelagerte Insel **Ilha das Palmas** als Erholungsaufenthalt und Quarantänestation mit ärztlicher Betreuung für ihre Schiffsbesatzungen gepachtet und später käuflich erworben, wo sich die Seeleute in der Zeit, in der ihr Schiff im Hafen von Santos von den Umschlagsbetrieben entlöscht und beladen wurde, in der frischen Seeluft erholen konnten, um dadurch das Risiko der Ansteckung zu minimieren. Aufgrund dieser in der internationalen Schiffahrt wohl einmaligen Vorkehrung gelang es, die Gelbfiebererkrankungen auf den Schiffen der HAMBURG SÜD praktisch auszuschalten.

Abb.: 33

Schiffsarzt

Nicht nur den Schiffsbesatzungen, sondern auch den Passagieren an Bord der HAMBURG SÜD-Schiffe wurde eine vorbildliche Gesundheitsfürsorge zuteil. So lesen wir in den damaligen Überfahrtsbedingungen:

»Auf jedem Dampfer ist ein staatlich geprüfter Arzt angestellt. Reisenden, welche während der Fahrt erkranken wird unentgeltlich Beistand geleistet und auch für die verabreichten Medikamente nichts berechnet. Dagegen ist es dem Schiffsarzt gestattet, das übliche Honorar zu fordern von Reisenden, Kurgästen etc., welche sich ihm wegen eines Leidens in Behandlung geben, das nicht während der Fahrt entstanden ist.«

33 Blick auf den Hafen von Santos um 1895

34 D »Olinda«(1), Bj. 1887, 2.500 BRT, 11,5 Kn, Pass.: 40 I. Kl., 280 Zw. Deck, Bes. 47, erstes Schiff der HAMBURG SÜD mit Doppelboden und elektr. Beleuchtung

35 Vertrag der HAMBURG SÜD mit Dom Pedro II., Kaiser von Brasilien

1888 unterzeichnete Dom Pedro II., Kaiser von Brasilien, diese Urkunde. Der HAMBURG SÜD

Abb.: 34

wurde damit Freiheit in allen brasilianischen Gewässern zugesichert – eine ungewöhnliche Vereinbarung zwischen einem Staat und einer privaten Reederei.

36 Der Hamburger Freihafen aus der Vogelperspektive. Farblithographie von F.C.A. Lill, um 1890

37 Urkunde des Vereins Hamburger Reeder zum 25jährigen Bestehen der HAMBURG SÜD aus dem Jahre 1896 auf Pergament geschrieben und illuminiert

Auswandererbeförderung

38 Anwerbung deutscher Auswanderer nach Brasilien durch die HAPAG als Passage-Agentur der HAMBURG SÜD 1899 (Seite 23/24)

III. Klasse (Zwischendeck)

Auch für die minderbemittelten Reisenden, insbesondere unter den Auswanderern, sorgte die HAMBURG SÜD für menschenwürdige Unterkünfte und eine gute und abwechslungsreiche Verpflegung. So lesen wir in dem Auskunftsbuch der Hamburg-Amerika Linie des Jahres 1902 als Passagevertretung der HAMBURG SÜD:

39 »Alle Dampfer haben vorzügliche Einrichtungen für die Beförderung von Reisenden Dritter Klasse. Die Aufenthaltsräume dieser Klasse befinden sich bei den meisten Dampfern auf dem Haupt- oder Oberdeck, d.h. also über dem Zwischendeck; dieselben werden durch zahlreiche Seitenfenster erhellt und durch diese, sowie auch noch durch

starke Luftzieher (Ventilatoren) neuester Erfindung ausgezeichnet gelüftet. Gute, vollständige Beköstigung mit reichlichen Fleischspeisen, sowie Thee, Kaffee etc. sind in den Fahrpreisen einbegriffen; für Bier, Spirituosen und derlei Getränken ist natürlich besonders zu zahlen. Frisch gebackenes Weißbrod wird täglich verabfolgt. Zur Beköstigung wird eine große Anzahl der verschiedensten Nahrungsmittel nebst Zuthaten, Gewürzen etc. mitgenommen, welche den Passagieren für die festgesetzten Mahlzeiten in schmackhafter Weise zubereitet werden. Matratzen, Keilkissen, Decken, so-

Abb.: 35

wie Eß- und Trinkgeschirr werden zur unentgeltlichen Benutzung an Bord geliefert.«

40 Statistik der deutschen Auswanderer nach Südamerika 1871-1910

41 Eine Straße in der von Dr. Blumenau Mitte des vorigen Jahrhunderts angelegten Stadt, die seinen Namen trägt, in Südbrasilien

42 Eine deutschstämmige Familie vor ihrem Einfamilienhaus in Blumenau um 1900

43 Werbeplakat: »Hamburg Süd-Amerik. D.G. nach Süd-Brasilien«

44 Karte der deutschen Kolonien in Süd-Brasilien

Abb.: 40

Passagier - Verkehr.

Jahr	Kajüte		Zwischendeck		Total	
	Passagiere	Ergebnis: Mark	Passagiere	Ergebnis: Mark	Passagiere	Ergebnis: Mark
1871						
1872	230	92 850	1 611	192 610	1 841	285 460
1873	785	249 700	2 242	336 300	3 027	586 000
1874	851	335 660	2 882	428 340	3 733	764 000
1875	914	351 840	3 496	526 560	4 410	878 400
1876	841	297 050	3 796	602 530	4 637	899 580
1877	946	300 810	5 287	775 075	6 233	1 075 585
1878	1 003	323 472	6 072	821 792	7 075	1 145 264
1879	954	279 011	3 664	516 365	4 618	795 376
1880	1 128	345 938	4 021	578 524	5 149	924 462
1881	1 305	389 763	5 489	720 256	6 794	1 110 019
1882	1 577	425 496	5 813	712 331	7 390	1 137 827
1883	1 420	434 135	5 981	734 491	7 401	1 168 626
1884	1 800	529 571	6 716	771 921	8 516	1 301 491
1885	1 682	515 189	5 651	673 472	7 333	1 188 661
1886	1 844	577 469	6 378	752 369	8 222	1 329 838
1887	2 246	688 969	6 807	843 570	9 053	1 532 539
1888	2 083	725 432	7 215	881 243	9 298	1 606 675
1889	3 397	1 168 845	10 441	1 346 030	13 838	2 514 875
1890	3 829	1 104 172	15 867	1 716 661	19 696	2 820 833
1891	3 102	859 053	9 149	1 053 286	12 251	1 912 369
1892	3 537	911 875	7 847	852 685	11 384	1 764 560
1893	4 750	990 275	9 712	914 247	14 462	1 904 522
1894	5 256	1 053 826	13 270	1 231 104	18 526	2 284 930
1895	4 577	1 070 182	12 451	1 272 188	17 028	2 342 370
1896	3 992	926 969	9 191	987 899	13 183	1 914 868
1897	3 469	828 595	9 350	932 900	12 819	1 761 495
1898	2 803	1 032 690	8 508	1 135 042	11 311	2 167 732
1899	3 561	1 000 693	11 584	1 110 719	15 145	2 111 412
1900	3 741	1 359 943	10 526	1 255 719	14 267	2 615 662
1901	4 126	1 615 520	11 249	1 370 082	15 375	2 985 602
1902	4 088	1 661 800	10 920	1 275 380	15 008	2 937 180
1903	4 523	1 792 543	10 347	1 227 328	14 870	3 019 871
1904	5 124	2 200 458	13 229	1 573 803	18 353	3 774 261
1905	6 342	3 216 899	18 218	2 228 324	24 560	5 445 223
1906	7 421	3 942 753	23 975	3 317 422	31 396	7 260 175
1907	7 805	4 018 240	27 064	3 793 728	34 869	7 811 968
1908	8 638	4 229 702	35 958	3 639 054	44 956	7 868 756
1909	9 777	4 897 346	37 817	3 753 127	47 594	8 650 473
1910	11 520	5 571 035	31 722	4 046 332	43 242	9 617 367
1911	12 810	6 442 541	44 988	6 369 108	57 798	12 811 649
1912						

Abb.: 42

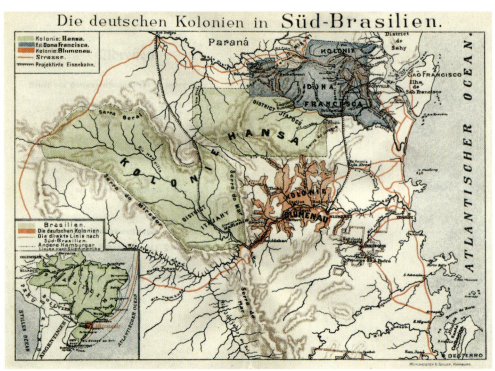

Abb.:44

Abb.: 37

Die deutschen Kolonien
in
Süd=Brasilien

Günstige Gelegenheit für deutsche Auswanderer zur Ansiedlung.

Hamburg.   Juni 1899.

Süd=Brasilien
ein Feld für deutsche Auswanderer.

Die vom Deutschen Reiche concessionirte Hanseatische Kolonisations = Gesellschaft m. b. Haftpflicht in Hamburg hat im Staate Santa Catharina (Süd=Brasilien) 650000 Hectar der besten Ländereien, ein Gebiet, größer als das Großherzogthum Oldenburg, erworben, um auf demselben gesunde deutsche Ansiedelungen zu schaffen.

Das Klima daselbst ist milde und gleichmäßig, dem Europäer durchaus zusagend, der Sommer auch für Nordländer wohl erträglich, der Winter etwa der Frühlingszeit in Deutschland, von März bis Mai, entsprechend. Die zum Verkauf stehenden Heimstätten gehören zu den fruchtbarsten Strecken des ganzen Staates.

Nahe am Ausschiffungshafen São Francisco liegt die in voller Blüthe stehende Kolonie Dona Francisca, die zur Zeit bereits ungefähr 30 000 Einwohner zählt, wovon die meisten deutscher Nationalität sind, weshalb daselbst, wie überhaupt in dieser Gegend, deutsche Sprache, sowie deutsche Sitten und Gewohnheiten vorherrschen. Die Hauptorte der Kolonie sind Joinville, Inselstraße, Pedeira, Annaburg, Neudorf, Brüderthal, São Bento, Bechelbronn, Oxford und Reichenberg. Südwestlich hiervon liegt die neu gegründete Kolonie Hansa, welche für die Zukunft dieselbe Aussicht auf ein rasches Emporblühen hat wie ihre ältere Schwesterkolonie Dona Francisca.

Der deutsche Auswanderer findet hier in einem fernen Erdtheil ein kleines Stück Deutschland wieder: blühende deutsche Gemeinden mit deutschen Schulen und deutschen Kirchen. Es tritt ihm nicht der kalte Eindruck der Fremde entgegen, nicht das unbehagliche, unsichere Gefühl der Heimathlosigkeit. Er wird von deutschen Landsleuten empfangen, hört deutsche Laute, feiert deutsche Feste, deutsche Weihnachten, ja sogar den Geburtstag des deutschen Kaisers, kurz braucht in keiner Weise sein Deutschthum aufzugeben, sondern fühlt sich unter Deutschen stolz als Deutscher.

Der Hafen von São Francisco ist einer der besten Häfen der Erde, er kann Hunderten von Schiffen Unterkommen bieten und ist selbst bei niedrigstem Wasserstande für die größten Dampfer erreichbar. Es ist damit dem Hinterlande ein günstig gelegener Ausfuhrhafen für seine Erzeugnisse geboten, ein Vortheil, der nicht hoch genug angeschlagen werden kann, denn schon manche Kolonien sind wieder zu Grunde gegangen, weil sie zu weit von einem Hafen entfernt lagen und ihre Produkte durch große Transportkosten unverhältnißmäßig vertheuert wurden. Die Verbindung zwischen São Francisco und Joinville, der Hauptstadt der Kolonie Dona Francisca, erfolgt mittels Flußdampfer den Cachoeira=Fluß hinauf in ca. 3 Stunden. Von hier aus ziehen sich die Kolonisten=Niederlassungen meilenweit in das Land hinein, überall das anmuthige Bild eines gesunden Kleinbauernstandes bietend, der auf seinem eigenen Grund und Boden sich eines wenn auch arbeitsreichen, so doch behaglichen und durchaus zufriedenen Daseins erfreut. Der hier aufwachsende Menschenschlag strotzt von Gesundheit und Lebenslust.

Joinville ist eine kleine Landstadt, vollständig deutschen Charakters, mit ca. 3000 Einwohnern; in diesem Orte findet hauptsächlich der Umtausch der landwirthschaftlichen Produkte gegen Culturerzeugnisse wie Kleider, Geräthschaften, Haushaltungsgegenstände, Bücher etc. etc. statt. Außer den zahlreichen Verkaufshäusern befinden sich hier auch bereits einige Fabriken, Mühlen, Gerbereien, Brauereien, eine Eisengießerei und eine kleine Schiffswerft mit gut eingerichteter Maschinenfabrik. In Joinville hat die Hanseatische Kolonisations=Gesellschaft m. b. H. ein eigenes Einwandererhaus für ihre Kolonisten erbaut. Von Joinville führt die ungefähr zwölf deutsche Meilen lange Serrastraße an verschiedenen Dörfern vorbei nach São Bento, dem Hauptort des gleichnamigen Bezirks; dieser liegt 8—900 Meter über dem Meeresspiegel und entspricht hier das Klima schon fast vollständig dem deutschen, kommen doch in einigen Jahren sogar leichter Frost und Schneefälle vor.

Etwas südlicher als Dona Francisca liegt im fruchtbaren Thale des Itajahy und an einem Seehafen gleichen Namens die deutsche Kolonie Blumenau, von dem deutschen Gelehrten Dr. Blumenau im Jahre 1852 gegründet, dieselbe hat heute eine Bevölkerung von ca. 45,000 Einwohnern, darunter wohl 30,000 Deutsche.

Anschließend an diese beiden blühenden Kolonien befinden sich die verschiedenen Districte der von der Hanseatischen Kolonisations=Gesellschaft m. b. H. neu gegründeten Kolonie „Hansa“. Diese Kolonie ist bezüglich Bodenbeschaffenheit von der Natur vielleicht noch üppiger und für die Landwirthschaft günstiger ausgestattet als Dona Francisca. Zur Besiedelung sind zunächst zwei Districte in Angriff genommen, nämlich Itapocu mit dem Stadtplatz Humboldt (südlich von Dona Francisca) und Itajahy mit dem Stadtplatz Hammonia (westlich von Blumenau).

Zwischen den verschiedenen Hauptorten und Häfen der Kolonien sind Eisenbahnverbindungen projectirt, deren Ausführungen wohl nicht mehr lange auf sich warten lassen werden.

Das zu besiedelnde Land ist meist mit Urwald bestanden; in den höher gelegenen Gegenden befinden sich auch große Weideflächen. Zahlreiche Flüsse und Nebenflüßchen sorgen für natürliche Bewässerung. Die verschiedensten Sorten Fische tummeln sich in diesen Gewässern, während das Hochland auch einen guten Wildstand aufweist.

Die Viehzucht gedeiht vortrefflich und das Pflanzenreich bietet eine große Fülle nutzbarer Gewächse. Je nach Lage und Bodenbeschaffenheit werden Mais, Reis, Zuckerrohr, Kaffee, Thee, Taback, Bohnen, Erbsen, alle Arten Gemüse und in São Bento auch Getreide, wie Roggen, Weizen, Gerste, Hafer und Buchweizen, sowie Oelfrüchte und in reicher Auswahl Kartoffeln, Bataten, Arrowroot und andere mehlreiche und ergiebige Knollengewächse mit Vortheil angebaut; im Niederlande wachsen Orangen, Bananen, Feigen, Pfirsche, Ananas und andere Südfrüchte, auf dem Hochlande dagegen Wein, Aepfel, Pflaumen und derartige Obstarten. —

In dem Hafen São Francisco, werden die Auswanderer von dem Kolonie-Director der Hanseatischen Kolonisations-Gesellschaft m. b. H. in Empfang genommen und mit ihrem Gepäck, sofern dasselbe nicht das eines gewöhnlichen Auswanderers übermäßig an Umfang und Art überschreitet, gänzlich kostenfrei nach Joinville, der Hauptstadt der Kolonie Dona Francisca, gebracht. In Joinville werden sie unentgeltlich in dem dortigen Empfangshause beherbergt und dann nach der Kolonie Hansa weiterbefördert.

Der Preis für mit Urwald bestandenes, gutes und fruchtbares Land ist sehr niedrig. Die Kolonie-Direction hat die von ihr vermessenen bäuerlichen Landstellen, je nach der Lage des Landes und der Qualität des Bodens, in drei verschiedene Werthklassen eingetheilt. 100 Morgen (25 Hectar) Land kosten

600 bis 1000 Milreis (100 Milreis sind nach jetzigem Cours gleich 60—70 Reichsmark). Der Kaufpreis kann auf Wunsch bis zu 5 Jahren gestundet werden, in welchem Falle vom zweiten Jahre ab 6 % Zinsen zu vergüten sind, doch steht es dem Kolonisten zu jeder Zeit frei den Rest des Kaufpreises ohne weitere Zinsenberechnung zu erlegen.

Auf Arbeitscontracte, Halbpachtverträge oder Vorschuß auf das Seefahrgeld geht die Hanseatische Kolonisations-Gesellschaft m. b. H. nicht ein; der Auswanderer hat also mindestens die Reisekosten bis zum Ausschiffungshafen São Francisco selbst zu bestreiten. Jeder Kolonist muß, um die Urbarmachung des Landes mit Erfolg betreiben zu können, freier Herr über seine Zeit und seine Kräfte sein, um so langsam, aber sicher zum Wohlstande zu gelangen. Man glaube indessen nicht, daß solcher Wohlstand mühelos und ohne Entbehrungen zu erwerben sei. Der Einwanderer hat auf Urwaldsland anzufangen, sich daselbst durch Niederhauen, Brennen und Wegräumen des Holzbestandes Platz zu machen, eine Hütte zu bauen und dann zum Anbau von Feldfrüchten zu schreiten. Um während dieser Zeit und bis zur ersten Ernte leben zu können, ist es nöthig, einige Tage der Woche auf Lohnarbeit zu gehen, die auf Wunsch soweit als möglich in der Nähe der Landstelle von der Kolonie-Direction angewiesen wird. Die Ueberschüsse der ersten Ernte werden zu Verbesserungen des Besitzthums und der häuslichen Einrichtung in Anspruch genommen, und es sind mithin einige Jahre angestrengter Arbeit und saurer Mühe erforderlich, um die Schwierigkeiten des Anfangs zu überwinden. So haben alle unbemittelten Kolonisten angefangen, welche jetzt Haus und Hof, Feld und Viehstand besitzen und sich eines Wohlstandes erfreuen, den sie in der alten Heimath schwerlich zu erreichen im Stande gewesen wären.

Somit ist dem fleißigen Landmann alle Aussicht geboten. Aber auch eine beschränkte Anzahl tüchtiger Handwerker kann auf ein gutes Fortkommen rechnen, nur dürfen solche, falls ihnen keine Mittel zur Verfügung stehen, nicht erwarten, gleich in ihrem gelernten Handwerk Beschäftigung zu finden, sondern müssen in der ersten Zeit anfassen, was sich ihnen bietet. Dagegen möchten wir Kaufleuten, Schriftstellern, Künstlern, Gelehrten und Gouvernanten nur dann rathen, nach Süd-Brasilien auszuwandern, wenn dieselben vorher ein festes Engagement erhalten haben.

Wer also nun doch einmal entschlossen ist, das Vaterland zu verlassen, und diesen Entschluß mit der nothwendigen reiflichen und ernsten Ueberlegung gefaßt hat — denn mancherlei Entbehrungen und große Anstrengungen warten der Kolonisten in den ersten Jahren —, wer also trotzdem auswandern will, der möge nach den deutschen Niederlassungen Süd-Brasiliens ziehen, wohin er gegen niedrige Ueberfahrtpreise (siehe Seite 8) gelangt, woselbst er für wenig Geld fruchtbares und gesundes Land in Fülle erwerben kann und wo er seine deutsche Nationalität nicht aufzugeben braucht.

Wegen Ankauf von Ländereien wende man sich vertrauensvoll an die Hanseatische Kolonisations-Gesellschaft m. b. H. in Hamburg, Hansahaus, Neue Gröningerstr. 10, welche auch jede weitere Auskunft darüber ertheilt.

Die Ueberfahrt.

Die Reise nach São Francisco erfolgt am Besten über Hamburg mit den deutschen Postdampfern der Hamburg-Südamerikanischen Dampfschifffahrts-Gesellschaft. Die Auswanderer brauchen bei Benutzung der Hamburger Linie nicht

umzusteigen, sondern fahren mit dem großen Seedampfer direkt bis nach São Francisco.

Diese Dampfer sind in den Jahren 1895/6 genau nach den Vorschriften des neuen deutschen Auswanderergesetzes erbaut und werden vor jeder Reise von den Hamburger Behörden gründlich untersucht.

Die Reisenden III. Klasse, gewöhnlich mit dem Namen Zwischendecker bezeichnet, werden auf diesen Schiffen nicht in dem dumpfen, wenig über dem Wasserspiegel gelegenen Zwischendeck, sondern auf dem hellen, luftigen Haupt- oder Oberdeck, in gleicher Höhe mit den Schlafzimmern für die I. Klasse, untergebracht. Für Familien, alleinreisende Frauen und alleinreisende Männer sind getrennte Abtheilungen und Kammern vorhanden. Zum gemeinsamen Aufenthalt, und zur Einnahme der Mahlzeiten dient die mit Tischen und Bänken ausgestattete Mitte. Die Wände, Kojen etc. sind in Oelfarbe gestrichen und herrscht überall natürlich die peinlichste Sauberkeit. Alle Räume werden durch zahlreiche Seitenfenster erhellt und durch diese, sowie auch noch durch starke Luftzieher (Ventilatoren) vorzüglich gelüftet. Nach Dunkelwerden sorgen gefahrlose elektrische Lampen, welche zum Theil die ganze Nacht hindurch brennen bleiben, für genügende Beleuchtung. Auch ist eine Dampfheizung angelegt, um die Räume im Winter erwärmen zu können. Zur Reinigung, Lüftung, Ueberwachung der Ordnung u. s. w. sind besondere Aufwärter angestellt, welche auch im Uebrigen den Reisenden zur Seite stehen. Bei einer größeren Anzahl weiblicher Passagiere wird außerdem eine Aufwärterin mitgenommen.

Auf jedem Dampfer befindet sich ein staatlich geprüfter Arzt. Reisenden, welche während der Fahrt erkranken, wird von diesem unentgeltlich Beistand geleistet und auch für die verabreichten Medikamente nichts berechnet.

Ausbau der Passagierschifffahrt im Zeichen scharfer internationaler Konkurrenz 1901-1914

45 Titelseite des Auskunftsbuches über Personenbeförderung nach Südamerika des neuen Gemeinschaftsdienstes der HAMBURG SÜD und der HAPAG von 1902

46 Diese Vignette ist ein Abdruck der Rückseite einer kleinen Werbebroschüre über die neue Betriebsgemeinschaft von HAMBURG SÜD und HAPAG nach Südamerika von 1902

Nachdem der für beide Seiten im Jahre 1900 verlustreiche Konkurrenzkampf zwischen dem Herausforderer, der Hamburger Reederei de Freitas, und der HAMBURG SÜD schließlich zur Übernahme der Schiffe von de Freitas durch die HAPAG beendet wurde, – die HAPAG hatte seit 1896 einen Genua-La Plata-Dienst mit kombinierten Fracht- und Fahrgastschiffen eröffnet –, kam es zwischen den beiden Vorstandsvorsitzenden Theodor Amsinck (seit 1896) und Albert Ballin (HAPAG) zu der Übereinkunft, den Südamerika-Dienst künftig gemeinschaftlich zu betreiben. Die Leitung des Personenverkehrs für beide Linien wurde der HAPAG übertragen. Dieses Übereinkommen erstreckte sich über folgende vier Linien mit verstärkter Abfahrtenfrequenz:

Hamburg-Nordbrasilien zweimal im Monat
Hamburg-Mittelbrasilien einmal in der Woche
Hamburg-Südbrasilien zweimal im Monat
Hamburg-La Plata sechsmal im Monat

Passagierschiffahrt
In den ersten 30 Jahren lag der Schwerpunkt der Linienaktivitäten der HAMBURG SÜD bei der **Frachtbeförderung**. Theodor Amsinck er-

Abb.: 45

Abb.: 46

Abb.:48

Abb.:49

Abb.:50

	Pferdekräfte	Reg.-Tons Brutto	Lade-Tonnen (Gewicht)
1. Amazonas	2000	2950	3500
2. Antonina	2300	4010	4500
3. Argentina	1440	3791	4500
4. Asuncion	1850	4663	6000
5. Bahia	2150	4916	6000
6. Belgrano	2000	4792	6000
7. Buenos Aires . . .	1300	3184	4000
8. Cap Frio . . .	2950	5674	7000
9. Cap Roca	2950	5722	7000
10. Cap Verde	2800	5909	7000
11. Chubut	1850	2687	3400
12. Comodoro Rivadavia	1650	2668	3300
13. Cordoba	1425	4889	6000
14. Corrientes	1500	3720	4500
15. Desterro	1150	2543	3000
16. Guahyba	1100	2801	3000
17. La Plata	1850	4004	4500
18. Maceió	1300	2807	3000
19. Mendoza	1500	3797	4500
20. Montevideo	2300	4138	6500
21. Paranaguá . . .	1130	2836	3000
22. Patagonia	2000	2975	3500
23. Pernambuco . . .	1900	4788	6000
24. Petropolis	2000	4792	6000
25. Rosario	1300	3184	4000
26. San Nicolas . .	2000	4739	6000
27. Santos	2200	4855	6000
28. São Paulo . . .	1800	4724	6000
29. Taquary	1300	2788	3000
30. Tijuca	2000	4801	6000
31. Tucuman	2000	4823	6000
	56995	124970	152700

Abb.: 47

kannte indes, daß in den kommenden Jahren mit einer starken Ausweitung des Passagierverkehrs nach Südamerika zu rechnen war und schon mit Rücksicht auf die ausländische Konkurrenz dieser Entwicklung nur mit größeren, schnelleren und hinsichtlich der Passagiereinrichtungen noch komfortableren für die Tropenfahrt konzipierten Schiffen erfolgreich Rechnung getragen werden konnte.

So kam es 1898 zur Auftragvergabe der ersten Schiffe der sogenannten »Cap«-Klasse bei der Hamburger Reiherstiegwerft und der Flensburger Schiffsbau-Gesellschaft, der »Cap Frio«,

»Cap Roca« und **Cap Verde«** von 5800 BRT und 12,5 Knoten (Knoten = Seemeile = 1.850 km) Geschwindigkeit, die neben 80 Fahrgästen in der I. Klasse 500 Passagiere im Zwischendeck befördern konnten. Bis Juli 1900 konnten alle drei Schiffe in Dienst gestellt werden. Sie erwiesen sich als so erfolgreich, daß alsbald weitere 1 + 3 Nachfolgebauten folgten, um schließlich als Antwort auf den immer härteren Wettbewerb, insbesondere durch die großen Neubauten der britischen **Royal Mail Line**, die Geschäftsleitung zum Bau der drei gewaltigen Schnelldampfer »Cap Finisterre«, 14.500 BRT, 16,5 Knoten (Kn), »Cap Trafalgar« 18.800 BRT, 17,8 Kn und »Cap Polonio« 20.576 BRT, 19 Kn, der Jahre 1910-1914 zu veranlassen. Sie galten zu ihrer Zeit als die »Königinnen des Südatlantik« und erwecken noch heute mit ihren wunderschönen Inneneinrichtungen und markanten äußeren Silhouetten die Bewunderung jedes Schiffahrtsfans.

47 Der Flottenbestand der HAMBURG SÜD am 1. Januar 1902

48 Dampfer »Cap Blanco«, einer der ersten »Cap«-Dampfer, im Jahre 1903

49 Rauchsalon der »Cap Verde«

50 Rio de Janeiro um die Jahrhundertwende

51 Äquator-Taufschein (siehe Seite 2)

Die **Äquatortaufe** erhalten alle Seeleute und Passagiere, die zum ersten Mal per Schiff den Äquator passieren. Es ist ein vergnügliches, für den Betroffenen nicht immer angenehmes Bordfest mit vielen Schaulustigen, wenn Neptun mit seinen Gehilfen seines feuchtfröhlichen Amtes waltet. Der danach auf den Täufling ausgestellte Taufschein ist das einzige Legitimationspapier, das ihn vor einer Wiederholung dieser altehrwürdigen Prozedur auf den Folgereisen bewahrt und zumeist von einmaligem künstlerischen Wert.

Abb.: 54

Abb.: 57

Abb.: 53

Die Schiffsoffiziere und Besatzungen der HAMBURG SÜD

52 Hierüber lesen wir in dem bereits zitierten Auskunftsbuch des Jahres 1902:

»Die Kapitäne und Officiere sind erprobte Männer, die, wie alle Chargirten der Deutschen Handelsmarine, von der Pike auf gedient und ihre verschiedenen Examina größtenteils mit Auszeichnung bestanden haben. Viele von ihnen sind Reserve-Officiere der Kaiserlichen Marine. Neben ihren nautischen Kenntnissen und Erfahrungen besitzen sie auch eine hohe gesellschaftliche Bildung, wie sie für den Umgang mit den zum Theil den höchsten Ständen angehörenden Passagieren erforderlich ist. Auf den Schiffen sind in Deutschland approbirte Ärzte angestellt, deren Rath und Hülfe den Passagieren in Krankheitsfällen unentgeltlich zur Verfügung steht. Die Maschinisten sind erfahrene, in langem Dienst bewährte Fachleute und die Mannschaft besteht aus wetterfesten, gewandten und in allen seemännischen Arbeiten geübten deutschen Matrosen.«

Abb.: 55

53 Brücke des Postdampfers »Cap Verde«

54 Seefahrtsbuch des II. Maschinisten Hugo Fritsch aus Memel vom Okt. 1889, angeheuert auf dem D. »Pernambuco« der HAMBURG SÜD nach Brasilien.

55 Die drei HAMBURG SÜD-Dampfer, v.l.n.r, »Santos« (2) Bj. 1877, »Corrientes« Bj. 1881, »Rio« Bj. 1869

56 Offiziere und Besatzung des Dampfers »Corrientes« 1894

57 Kapitän C.W. Hansen, Schiffsführer der »Cap Vilano« 1906

58 Besatzungslisten der »Cap Vilano« 1913/14.

59 Gartmann-Schokoladenbildchen mit der »Cap Vilano«

60 Die »Cap Blanco« verläßt 1914 auf einer ihrer letzten Ausfahrten nach Südamerika den Hamburger Hafen. Diese zwischen 1900 und 1907 gebaute Klasse von sieben Schiffen läuteten das Zeitalter der HAMBURG SÜD-Schnelldampfer ein. Ölgemälde von Otto Schwarz, Hamburg, im Besitz von Arnold Kludas

Saisonarbeiter

Nicht nur Auswanderer, also künftige Siedler, reisten im Zwischendeck der HAMBURG SÜD-Schiffe in die Neue Welt. »Der Wirtschaftliche Aufschwung Argentiniens und Brasiliens«, so heißt es in der Chronik der Gesellschaft, »zog seit Anfang der neunziger Jahre auch viele Arbeitskräfte

Abb.: 60

Abb.: 61

aus West- und Osteuropa nach Südamerika, die nach der Ernte wieder in ihre Heimatländer zurückkehrten. Von Spanien nach Argentinien entwickelte sich ein regelrechter Pendelverkehr. Tausende von Spaniern zogen jährlich im Frühjahr zum La Plata und strebten nach der Ernte wieder nach Hause. Ebenso reisten von Portugal viele Arbeiter nach Brasilien, um auf den Kaffeeplantagen Beschäftigung zu finden.

Hinzu kamen immer mehr landwirtschaftliche Arbeitskräfte aus Polen und Rußland, die es nach Südamerika zog. An der Beförderung all dieser Menschen hat die HAMBURG SÜD einen großen Anteil gehabt.« **Golondrinas**, »Schwalben«, nannte der Volksmund in Argentinien die spanischen Saisonarbeiter. Die HAMBURG SÜD fühlte sich ihren »Zugvögeln« so verbunden, daß sie einem ihrer Leichter in Argentinien den Namen »Golondrina« gab.

Patagonienfahrt

Mit der Eröffnung eines Küstendienstes von Buenos Aires nach Patagonien im August 1901 wurde ein letztes Teilstück des Südamerika-Ostküstendienstes geschlossen. Seit 1885 dehnte sich die Schafzucht von Punta Arenas an der Magellanstraße über ganz Patagonien aus. 10 Jahre später gab es im »Wilden Süden«, wie Patagonien im Volksmund genannt wurde, bereits fast eine Million Schafe. Siedlungskolonien in geschützten Seitentälern, die ein Chronist mit den »lieblichen und fruchtbaren Tälern Tirols und der Schweiz« vergleicht, entwickelten sich zu blühenden Ortschaften. Gefrierfleischfabriken taten sich auf, und Wollhändler richteten in Patagonien Niederlassungen ein. Im Dezember 1907 wurden zudem noch reiche Erdölfelder entdeckt.

Was fehlte, um Patagonien der Weltwirtschaft

nutzbar zu machen, waren tragbare Verkehrsverhältnisse. Mangels Straßen und Eisenbahnverbindungen hing die Verkehrsentwicklung
Patagoniens allein von der Schiffahrt ab. Dieses
bewog den außerordentlich tüchtigen und dem
Präsidenten Argentiniens nahestehenden Ge-
neralagenten der HAMBURG SÜD, **Antonio
Delfino**, die HAMBURG SÜD zu veranlassen,
einen **Küstendienst ab Buenos Aires** dorthin
zu errichten. Obwohl der argentinische Staat
für dieses Pionierunternehmen keinerlei finan-
zielle Unterstützung gewährte, lief die HAM-
BURG SÜD mit kleineren kombinierten Fracht-
und Passagier-Dampfern von etwa 1.700 tons
unter dem Namen **Linea Nacional del Sud** ab
August 1901 bis zum Kriegsausbruch 1914 regelmäßig zweimal monatlich bis zu 20 Plätze
an, inklusive Punta Arenas in Feuerland. Bei
diesen Plätzen handelte es sich nicht etwa um
sichere Häfen, sondern die Schiffe gingen auf
offener Reede vor Anker und besorgten den Ladungsumschlag mit ihrem eigenen Ladegeschirr
und Booten. Von einem ihrer Kapitäne, dem spä-
teren renommierten Kommodore **Ernst Rolin**,
liegt uns aus dem Jahre 1903 ein Bericht über
die abenteuerlichen Verkehrsverhältnisse vor,
mit denen die Schiffsleitungen dort zu kämpfen
hatten:
»Die Güter lagen oft wochenlang unbewacht
unter freiem Himmel. Was man dort Hafen
nannte, bestand bestenfalls aus einigen Well-
blech-Baracken, in denen die Farmer, die
»Estancieros«, aus dem Innern des Landes ihre
Güter einfach niedergelegt hatten. Meist waren
es Wolle, Häute und Talg. Manche dieser Sam-
melplätze hatten noch nicht einmal Schuppen.
Das einkommende Frachtgut mußten wir so
hoch an Land tragen, daß die Flut es nicht mehr
erreichen konnte. Der Empfänger holte es sich
dann dort bei passender Gelegenheit ab. Ebenso wurde mit der Ware verfahren, die wir laden

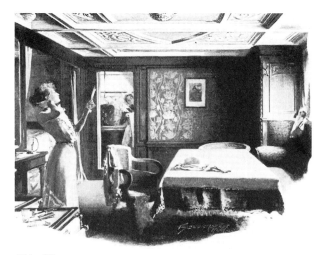

Abb.: 62

sollten. Die Estancieros stapelten sie hoch ir-
gendwo am Ufer auf und befestigten ein weit
sichtbares Zeichen daran. Von dort brachten
wir sie mit unseren Booten an Bord – wenn wir
sie fanden.«

61 Dinner an Bord; Aquarell von F. Schworm-
    städt
62 In der Kabine; Aquarell von F. Schworm-
    städt
63 Kajütspassagiere mit den Augen des
    Künstlers (F. Schwormstädt): Promena-
    dendeck

Abb.: 63

Abb.: 64

64 Original-Speisekarten, darunter: Titelseite der Menuekarte eines HAMBURG SÜD-Dampfers mit Hamburger Hafenszene vor Kehrwieder

Abb.: 65

Fährdienst von Buenos Aires nach Montevideo:

Eine wachsende Zahl von wohlhabenden Argentiniern pflegten in den heißen Sommermonaten Buenos Aires mit seinem feuchtheißen Klima zu verlassen, um die schönen, von frischem Seewind gekühlten Seebäder in der Nähe der uruguayischen Hauptstadt aufzusuchen. Der rührige HAMBURG SÜD Agent Antonio Delfino veranlaßte aus diesem Grunde die Hamburger Zentrale, Ende 1913/Anfang 1914 mit zwei in Schottland hierfür gebauten Raddampfern von je 2.600 BRT und 15 Kn Geschwindigkeit, der »Cabo Santa Maria« und »Cabo Corrientes« eine tägliche Fährverbindung zwischen Buenos Aires und Montevideo unter argentinischer Flagge einzurichten. Die hervorragend ausgestatteten Schiffe fanden bei den Argentiniern begeisterte Aufnahme, und dieser Shuttle-Dienst wurde ein großer Erfolg, dem der Ausbruch des Krieges dann leider ein vorzeitiges Ende bereitete.

65 Raddampfer »Cabo Santa Maria«
66 Strandbad Pocito (Montevideo), (Hapag-Lloyd-Archiv)

Kaffee – Brasiliens Nationalprodukt Nr. 1

Seit der Mitte des vorigen Jahrhunderts war Kaffee die tragende Säule des brasilianischen Wirtschaftslebens; schon 1852/53 erzeugte

Abb.: 66

Brasilien 53 Prozent der Weltproduktion. Im einkommenden Verkehr der beiden Reedereien (HAMBURG SÜD und HAPAG) spielte daher **Kaffee als Ladung** mit Abstand die dominierende Rolle und inzwischen hatte Hamburg die anderen europäischen Häfen als bedeutendster Umschlagsplatz für dieses hochwertige Produkt mit seiner **Kaffeebörse** (gegründet 1887) abgelöst. Der Großteil des brasilianischen Kaffee-Exports aus dem Hauptanbaugebiet São Paulo kam in **Santos** zur Verladung. Agent des Gemeinschaftsdienstes für Santos und Rio de Janeiro war einer der bedeutendsten Kaffeehändler, die Firma **Theodor Wille & Co.** Mengen von 80.000 bis 100.000 Sack Kaffee pro Abfahrt während der Saison à 60 kg Gewicht waren keine Seltenheit.

Hamburger Freihafen und Speicherstadt

Am 15. Oktober 1888 schloß sich die Freihandelsstadt Hamburg nach jahrelangem Tauziehen mit der Reichsregierung unter Fürst Otto von Bismarck dem deutschen Zollgebiet an und errichtete statt dessen innerhalb des Großteils des Hamburger Hafens einen noch heute gültigen Freihafenbezirk. Gleichzeitig mußte ein Stadtteil dem Bau der mächtigen Speicherstadt weichen, die noch bis vor wenigen Jahren eine bedeutende Funktion als Zwischendepot für den Einfuhr- und Transithandel ausübte. Als Bauträger und Verwaltungsorgan wurde die in-

zwischen in **Hamburger Hafen- und Lagerhaus-Aktiengesellschaft (HHLA)** umbenannte staatliche **Hamburger Freihafen-Lagerhaus-Gesellschaft** am **7. März 1885** gegründet, die auch sämtliche dem Staat gehörige Kaianlagen des Hafens betreut und an private Unternehmen verpachtet. Die bedeutenden Hamburger Kaffeeimporteure haben noch heute hier, in der Speicherstadt am **Sandtorkai** ihre Geschäftssitze, gleich neben ihren Kaffeelagern. Selbstverständlich war das Geschäftsverhältnis zwischen ihnen und der HAMBURG SÜD stets ein sehr enges.

67 Botanische Darstellung der Kaffeepflanze von Waltraud Weber, Düsseldorf

Abb.: 67   Foto: Cram de Gruyter & Co.

Botanische Darstellung der Pflanze Coffea

1. Junge Kaffeepflanze
2. Blühender Kaffeezweig
3. Kaffeekirschen am Zweig
4. Kaffeekirsche (Frucht)
5. Kaffeekirsche im Querschnitt
6. Frucht mit Kaffeesamen (Flachbohnen)
7. Kaffeekirsche im Längsschnitt
   a) Fruchtfleisch
   b) Pergamenthülse
   c) Silberhäutchen
   d) Kaffeebohne
8. Blüte
9. Blüte im Schnitt

33

Abb.: 68

Foto: Hamburger-Hafen-u. Lagerhaus AG

68 Die Speicherstadt – Blick von der Kehrwie-
    derstegbrücke auf Kehrwieder- und
    Brooksfleet

69 Kaffeelager in einem Speicher an dem
    weltbekannten Sandtorkai. Die im Bild
    sichtbare Spiralrutsche dient dem Abwärts-
    transport zwischen den Bearbeitungs-
    und den Lagerböden

Abb.: 69   Foto: Hamburger-Hafen-u. Lagerhaus AG

**Mit den Cap-Dampfern beginnt in der Süd-
amerikafahrt das Zeitalter der Schnelldampfer**
Nachdem die britischen Linien inzwischen die
9.000 BRT-Grenze bei ihren Spitzenschiffen
überschritten hatten, folgte die HAMBURG SÜD
mit zwei bei der Werft Blohm & Voss in Auftrag
gegebenen Schiffen von je 10.000 BRT, der »Cap
Vilano«, die 1906 und der »Cap Arcona« (1), die
ein Jahr später zur Ablieferung gelangte. Sie rangierten nicht nur in ihren äußeren Abmessungen
und einer Geschwindigkeit von 15 Kn, sondern
auch in ihren Innenausstattungen unter den Spitzenschiffen in der La Plata-Fahrt. Sie verfügten
über Passagier-Einrichtungen für 200/244 Passagiere I. Klasse, 100/110 II. Klasse und 300/400
in der III. Klasse, von denen ein Großteil erstmals
in separaten Kajüten von vier bis acht Personen
untergebracht war. Diese schnellen Schiffe beförderten neben Post und hochwertiger Ladung
auch wachsende Quantitäten von **Kühlladung**,
während die langsamer laufenden Frachtdampfer
den Großteil des Auswandererverkehrs und die
übrige Ladung abzudecken hatten.

Die 13.882 BRT große „Monte Rosa" der Hamburg-Süd
vor dem Kaiserspeicher der Hamburger Hafen- und
Lagerhaus-AG, der im II. Weltkrieg schwer beschädigt
worden war.

Auf dem Turm des 1875 gebauten Speichers befand
sich ein Zeitball, der jeden Mittag ein paar Meter aufstieg und zwecks Justierung der Kapitänsuhren Punkt
12.00 Uhr wieder herunterfiel. 1965 wurde dieses
Wahrzeichen des Hafens abgerissen.

Die HHLA und Hamburg-Süd: zwei Hamburger
Unternehmen mit großer Tradition die auch heute
wieder eng miteinander verbunden sind.

Hamburg, den 22. August 1912.

Lieber Herr Amsinck,

Mir wurde kürzlich schon mitgeteilt, dass
Sie beabsichtigen, eine vergrösserte "Cap Finisterre" zu
bauen. Heute sagt man mir gar, dass Sie auf eine Länge von
620 Fuss zu gehen beabsichtigen.

Halten Sie es wirklich für recht, dass wir
in einer Zeit, in der unsere letzten Neubauten für diese
Fahrt noch nicht einmal in den Spanten stehen, daran gehen,
diese nach Jahr und Tag erst kommenden Schiffe schon zu de-
klassieren indem wir Aufträge auf Schiffe von noch grösseren
Abmessungen geben?

Herr Cropp sprach neulich mit mir darüber,
dass es im Interesse des gemeinsamen Südamerika-Dienstes
wünschenswert sei, dass ich die Einladung von Lord Pirrie
zu einer Besprechung mit Sir Owen Philipps über die Angele-
genheiten des südamerikanischen Geschäftes bei meiner in
Aussicht stehenden Anwesenheit in London annehme. Wir wissen
aber, dass Lord Pirrie's dringendster Wunsch der ist, dass
eine Vereinigung mit der Royal Mail auch die Frage der Dimen-
sionierung unserer Neubauten einschliesst. Solche Frage zu

II.

diskutieren wäre ich ja natürlich garnicht in der Lage solange die beiden Hamburger Gesellschaften schon unter einander sich nicht einig sind, sondern sich in der Grösse und
Geschwindigkeit ihrer Schiffe zu übertreffen versuchen.

Wir müssen uns doch klar darüber sein, dass
eine Betriebsgemeinschaft im wahren Sinne des Wortes zwischen
uns garnicht existiert, sondern dass wir lediglich auf Grund
freundschaftlicher Beziehungen einen gemeinschaftlichen
Fahrplan unterhalten und eine schwerfällige Berechnung darüber führen, ob der Eine oder der Andere einen Betrag bis
zur Höhe von M 200,000.-- als Kompensation zu zahlen hat.

Aber gerade weil wir also unser Verhältnis
fast ausschliesslich aufbauen auf freundschaftlicher Ver-
ständigung, sollten wir sorgsam darüber wachen, dass nicht
etwa durch solche Fragen wie die hier vorliegende Frage des
Neubaues diese freie Liebe in ihrem Fortbestand gefährdet
wird.

Bitte unterziehen Sie sich nicht der Mühe
mir eine Antwort zu schreiben, sondern betrachten Sie meinen
Brief nur als die freundschaftliche Mitteilung eines Gedan-
kens, der meinem alternden Gehirn sich auslöste als ich von
Ihren grossen Neubauabsichten hörte.

Ich bin,

Ihr aufrichtig ergebener

Ballin

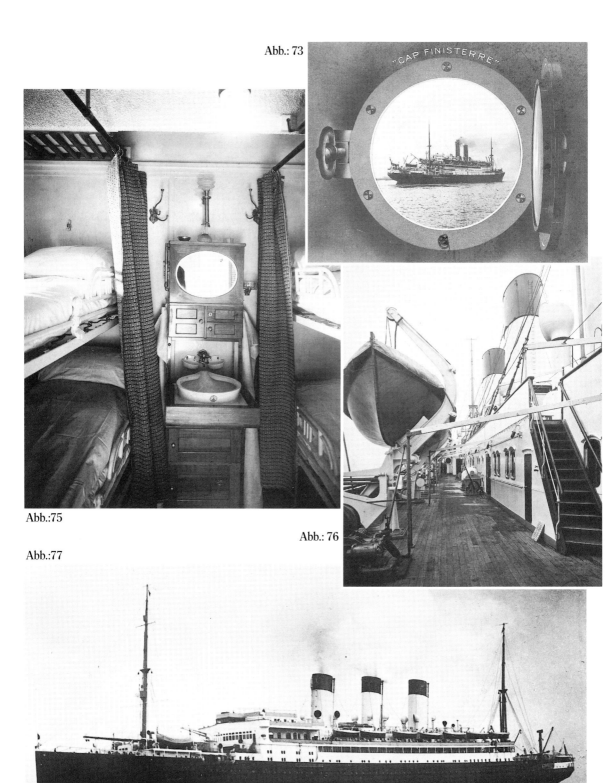

Abb.: 73

Abb.:75

Abb.: 76

Abb.:77

Abb.: 72

Im März 1910 erhielt die Werft Blohm & Voss den Auftrag zum Bau des größten, schnellsten und luxuriösesten Schiffes auf der Südatlantik-Route. Es trat am 21. November 1911 als »Cap Finisterre« seine Jungfernreise von Cuxhaven über Lissabon nach Buenos Aires an, wo es nach nur 13 Tagen am 9. Dezember mit 1350 Fahrgästen an Bord eintraf. Das Schiff verfügte über Passagiereinrichtungen, wie einen über zwei Decks hohen Speisesaal I. Klasse und Wintergarten, die auf dem Südatlantik ihresgleichen suchten. Eine besondere Attraktion stellte das Freibad auf dem Bootsdeck dar, ein völliges Novum in der internationalen Passagierschifffahrt.

70 Brief des HAPAG-Generaldirektors Albert Ballin an Theodor Amsinck, geschäftsführendes Vorstandsmitglied der HAMBURG SÜD, vom 22. Aug. 1912 bezüglich des Baues der »Cap Trafalgar« (Seite 36/37)

71 D »Cap Finisterre«, Bj. 1911, 14.500 BRT, 17 Kn, Pass.: 300 I. Kl., 220 II. Kl., 870 III. Kl., Bes. 300, Modell 1:100

72 D »Cap Finisterre«

73 Zeitgenössische Postkarte mit dem Schnelldampfer »Cap Finisterre«

74 Passagierliste der »Cap Finisterre« vom Januar 1913

Dieses bedeutende Dokument verdeutlicht, mit welcher Aufmerksamkeit auch der Gemeinschaftsdienstpartner, nämlich die HAPAG, die Bautätigkeit der HAMBURG SÜD verfolgte, wobei erstaunt, daß der Brief zu einem Zeitpunkt abgefaßt wurde, zu dem der Schreiber vermutlich längst die Pläne für drei eigene Großbauten für diese Route, nämlich die der Hamburger Bürgermeister-Klasse von je 20.000 BRT und 17 Kn in der Schublade hatte, die noch im gleichen Jahr in Auftrag gegeben wurden. Ballin hatte mit anderen Worten gedanklich längst gleichgezogen.

75 D »Cap Trafalgar«(1), 1914, 4-Bett-Kabine in der II. Klasse

76 D »Cap Trafalgar« (1), 1914

77 D »Cap Trafalgar« (1), Bj. 1913, 18.800 BRT, 3 Schr., 17 Kn, Pass.: 400 I. Kl., 275 II. Kl., 900 III. Kl., Bes. 436

Die Krönung der Vor-Weltkrieg I Schnelldampfer der Cap-Schiffe der HAMBURG SÜD war die 1912 bei der Hamburger Vulcan-Werft in Auftrag gegebene 18.700 BRT große »Cap Trafalgar« als der erste Drei-Schornsteiner der Reederei. Sie trat am 10. März 1914 ihre Jungfernreise nach Buenos Aires an. Als äußeres Zeichen, daß mit ihrer Infahrtsetzung ein neues

Überblick über die beförderten Ladungsmengen und Passagiere vom Jahre 1871 bis einschliesslich 1910.

Jahr	Anzahl der transatlantischen Rundreisen	Ausfracht Fracht-Tons	Rückfracht Tons	Rückfracht Sack Kaffee	Rückfracht Ballen Tabak
1871	—	10 125	—	—	—
1872	9	18 020	—	—	—
1873	15	21 261	—	—	—
1874	19	25 240	—	—	—
1875	20	30 894	—	—	—
1876	24	33 269	38 816	335 977	30 455
1877	21	36 774	31 217	321 251	35 967
1878	25	45 778	43 546	391 121	56 839
1879	34	53 552	53 995	553 280	68 321
1880	36	63 751	58 921	537 523	85 530
1881	38	74 265	64 325	688 270	68 024
1882	48	95 977	84 505	692 566	102 334
1883	51	108 592	74 463	599 357	91 021
1884	62	128 611	99 352	639 115	152 178
1885	57	115 794	95 067	696 140	91 816
1886	65	137 077	102 889	775 480	89 610
1887	78	196 030	122 521	558 925	164 366
1888	95	207 566	130 956	660 566	145 457
1889	107	300 746	150 605	831 479	102 104
1890	104	232 247	153 806	859 203	146 094
1891	102	214 638	157 396	1 123 949	179 440
1892	96	217 550	174 024	1 274 346	81 367
1893	103	251 236	182 755	1 110 614	230 451
1894	96	217 753	174 192	942 704	134 616
1895	99	237 191	193 216	1 263 977	154 197
1896	108	313 459	254 257	1 748 526	124 185
1897	100	281 581	281 990	2 318 233	196 980
1898	100	231 616	311 218	2 006 601	255 891
1899	111	268 055	365 041	1 841 086	102 234
1900	117	350 963	422 635	2 245 896	154 708
1901	122	348 281	383 940	1 928 663	211 213
1902	119	236 572	395 617	2 076 587	247 009
1903	117	358 688	385 297	1 682 750	119 486
1904	119	429 276	386 493	1 191 863	94 840
1905	110	470 733	398 925	1 249 876	118 662
1906	116	589 563	415 297	1 986 106	137 254
1907	124	670 690	454 287	2 416 047	146 475
1908	125	598 182	429 233	1 329 305	65 809
1909	124	552 036	452 661	2 329 039	115 103
1910	132	740 683	434 995	1 257 902	142 317
Summe	**3 148**	**9 514 724**	**7 958 453**	**42 464 323**	**4 442 353**

Beförderte Passagiere

Jahr	Anzahl
1873	3 027
1874	3 733
1875	4 410
1876	4 637
1877	6 233
1878	7 075
1879	4 618
1880	5 149
1881	6 794
1882	7 390
1883	7 401
1884	8 516
1885	7 333
1886	8 222
1887	9 053
1888	9 298
1889	13 838
1890	19 696
1891	12 251
1892	11 384
1893	14 462
1894	18 526
1895	17 028
1896	13 183
1897	12 819
1898	11 311
1899	15 145
1900	14 267
1901	15 375
1902	15 008
1903	14 870
1904	18 353
1905	24 560
1906	31 396
1907	34 869
1908	44 956
1909	47 594
1910	43 242
Summe	**567 022**

Rekord-Einzel-Transporte in den letzten Jahren:

Kaffee

Oktober 1908 — Charter-D. „Foxley" — 101 969 Sack.
November 1908 — D. „São Paulo" — 85 971 Sack.
Februar 1909 — D. „Santa Barbara" — 87 898 Sack. — von Santos nach Europa
September 1909 — D. „Santa Rita" — 98 844 Sack.
Oktober 1909 — D. „Santa Elena" — 107 172 Sack.
November 1908 — D. „Santa Ursula" — 92 000 Sack. — von Santos nach New York
Oktober 1909 — D. „Santa Fé" — 90 000 Sack

Tabak

Juli 1907 — Charter-Dampfer „Theodor Wille" — 86 054 Sack.
April 1907 — D. „Corrientes" — 20 167 Ballen.
Mai 1910 — D. „San Nicolas" — 15 313 Ballen. — nach Europa
März 1909 — D. „Cap Roca" — 11 800 Ballen.

Kleie

Oktober 1909 — D. „Santa Maria" — 98 667 Sack. — vom La Plata nach Europa
Oktober 1910 — D. „Santa Elena" — 116 720 Sack.

Gummi

April 1910 — D. „Rio Pardo" — 1 120 ts. — vom Amazonas nach Europa
April 1910 — D. „Rio Negro" — 1 170 ts.

Mais

Oktober 1910 — Charter-Dampfer „Themisto" — 84 539 Sack. — vom La Plata nach Europa
November 1910 — Charter-Dampfer „Zingara" — 83 132 Sack.

Zwischendecks-Passagiere

September 1910 — D. „Entrerios" — 1256 Personen.
Oktober 1910 — D. „Pernambuco" — 1151 Personen. — von Europa nach dem La Plata
November 1910 — D. „Santa Maria" — 2002 Personen.

Drei Rekord-Jahre

Kaffee
1907 mit 2 416 047 Sack
1909 mit 2 329 039 Sack
1897 mit 2 318 233 Sack

Tabak
1898 mit 255 891 Ballen
1902 mit 247 009 Ballen
1893 mit 230 451 Ballen

Abb.: 80

Zeitalter begonnen hatte, erhielt sie einen weißen Schornsteinanstrich mit einer roten Kappe, den künftig sämtliche Schiffe der HAMBURG SÜD erhielten.

Kurze Zeit nach der Auftragsvergabe der »Cap Trafalgar« erhielt die Werft Blohm & Voss von der HAMBURG SÜD die Bestellung für die **»Cap Polonio«** mit 21.000 BRT und 19 Kn, die jedoch erst nach dem Ausbruch des Krieges nach zwischenzeitlichem Umbau in einen Hilfskreuzer im August 1916 fertiggestellt wurde.

Das obige Neubauprogramm war als Zukunftssicherung konzipiert und lag durchaus im Rahmen der Konkurrenzsituation aufgrund des erheblichen Auftragvolumens der britischen, holländischen und französischen Linien, die mit 17, 18 und 20 Kn-Schiffen aufwarteten. Dennoch konnten sie mit dem gebotenen Komfort der HAMBURG SÜD nicht mithalten. Ab 1910 herrschte auf dem Südatlantik Hochkonjunktur, und die HAMBURG SÜD beförderte im gleichen Jahr 43.000 Fahrgäste, 1911 waren es 57.800 und 1912 sogar 82.000 Passagiere. Dem entsprach die Entwicklung der Dividenden: 8 Prozent für 1910, 10 Prozent für 1911 und 14 Prozent für 1912 und 1913.

78 Jahresbilanzen und Geschäftsberichte 1871, 1909 und 1913

79 Dividendentafel

80 Überblick über die beförderten Ladungsmengen und Passagiere vom Jahre 1871 bis einschließlich 1910

Erster Weltkrieg und Versailler Vertrag (1914-1919)

Der Ausbruch des Ersten Weltkrieges traf die deutschen Reeder ohne Vorwarnung von seiten der Reichsregierung und beendete schlagartig ihre weltweiten Schiffahrtsaktivitäten, die auf Völkerverständigung und nicht auf kriegerische Auseinandersetzungen ausgerichtet waren. Ihre Schiffe nahmen, soweit sie ihre Heimatgewässer nicht mehr erreichen konnten, in befreundeten oder neutralen Häfen Zuflucht oder wurden von den Alliierten aufgebracht. Einige in Übersee befindliche Schiffe erhielten von der deutschen Admiralität Order, sich zur Unterstützung der Auslandskreuzer mit ihnen zu vereinen, bzw. als Hilfskreuzer umrüsten zu lassen und zu diesem Zweck die internationalen Dampferrouten zu meiden und die befohlenen Treffpunkte möglichst nach vorheriger Kohlenübernahme anzusteuern.

Unter den unzähligen Einzelschicksalen seien hier nur drei beispielhaft für die Schiffe der HAMBURG SÜD angeführt: Während die »Cap Finisterre« im August 1914 für die Dauer des Krieges in Hamburg aufgelegt und 1919 an die USA ausgeliefert wurde, erreichte die »Cap Trafalgar« nach Kriegsausbruch am 2. August Buenos Aires. Dort erhielt sie Order zum Einsatz als Hilfskreuzer und versegelte daraufhin am 18. August zur Kohlenübernahme nach Montevideo. Am 23. August verließ sie den Hafen zum Treffen mit dem Kanonenboot »Eber«, das auf See seine Bewaffnung an den Dampfer übergab. Nachdem von der Besatzung aus Tarnungsgründen der dritte Schornstein ausgebaut worden war, erfolgte am 31. August die Indienststellung als Hilfskreuzer. Ihr erster Vorstoß entlang der brasilianischen Küste blieb erfolglos, das heißt, sie begegnete keinen Schiffen

der Entente. Sie wurde dann bei der Kohlenübernahme am 13. September vor der brasilianischen Insel Trinidad vom britischen Hilfskreuzer »Carmania« (19.524 BRT, zwölf 12,7-cm-Geschütze) überrascht. Nach zweistündigem Gefecht sank »Cap Trafalgar«, nachdem sie ihren britischen Gegner trotz stark unterlegener Armierung (zwei 10,5-cm-Geschütze und sechs 3,7-cm-Maschinengewehre) mit 76 Treffern, davon traf einer die Brücke, ebenfalls in Brand geschossen hatte. Die Überlebenden der »Cap Trafalgar« wurden von der »Eleonore Woermann« geborgen und nach Buenos Aires gebracht. Die »Carmania« wurde später von einem britischen Kreuzer ins Schlepp genommen und erreichte nur mit Schwierigkeiten Gibraltar.

Die »Cap Polonio« wurde nach anfänglichem Baustopp Ende 1914 zum Hilfskreuzer umgebaut und zu diesem Zweck ihr dritter Schornstein entfernt. Ihre Indienststellung als Hilfskreuzer erfolgte im Februar 1915. Auf der erst danach durchgeführten Werftprobefahrt erreicht sie statt der vorgesehenen 19 nur knapp 17 Kn. Die Admiralität erklärte sie daraufhin für den vorgesehenen Einsatz im Atlantik für ungeeignet und gab sie an den Eigner zurück, der sie bis zum August 1916 als Passagierschiff fertigstellen ließ. Diesem Glücksumstand ist es zu verdanken, daß sie den Krieg überdauerte und ihr noch eine glänzende spätere Karriere bevorstand.

Der unglückliche Ausgang des Krieges und die rigorosen Versailler Bestimmungen von 1919 erzwangen die Auslieferung der gesamten deutschen Handelsflotte, d.h. sämtliche Schiffe über 1.600 BRT und die Hälfte aller Schiffe zwischen 100 und 1.599 BRT, soweit sie den Krieg überdauerten, sowie sämtliche beim Abschluß des Versailler Friedensvertrages im Bau befindlichen Schiffe, wurden im Januar 1920 von den Alliierten entschädigungslos beschlagnahmt.

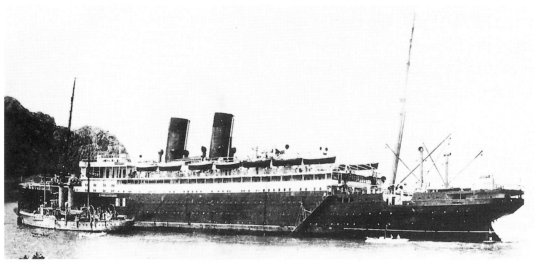

Abb.: 81

Ein bis dahin einmaliger Vorgang in der Völkergeschichte. Die deutschen Reeder gingen damit ihres gesamten beweglichen Vermögens verlustig und mußten praktisch wieder bei Null anfangen.

81 D »Cap Trafalgar« bei seinem Rendezvous mit dem kleinen deutschen Kanonenboot »Eber« vor der brasilianischen Insel Trinidad am 28. August 1914

82 D »Cap Polonio« als Hilfskreuzer »Vineta« kurz vor der schicksalhaften Probefahrt im Januar 1915 am Kai von Blohm & Voss (Blohm+Voss-Archiv)

83 Hamburgs Schiffsverluste im Ersten Weltkrieg. Zusammenstellung von Dr. W. Kresse und Dr. C. Prange, grafische Gestaltung von W. Wiedey

Abb.: 82   Foto: Blohm + Voss AG Archiv

Die HAMBURG SÜD erringt zum zweiten Mal die Spitzenposition im Südatlantik: Neuanfang 1919-1939

Die HAMBURG SÜD bewies beim Wiederaufbau nach dem totalen Verlust ihrer Hochseeflotte ab 1919 eine besonders glückliche Hand.

Der letzte von vier während des Krieges von der HAMBURG SÜD in Auftrag gegebenen kleineren Frachter, die am 13. April 1918 bei der Geestemünder Seebeckwerft vom Stapel gelaufene »Jacuhy«, konnte vor der Ablieferung an die Alliierten bewahrt werden und wurde am 16. Dezember 1920 unter dem neuen Namen »Argentina« (5.745 BRT, 10 Kn) als erster deutscher Passagierdampfer-Neubau in Dienst gestellt. Mit einer Kapazität von 585 Passagieren im Zwischendeck trat die »Argentina« am 30. De-

Abb.: 84

zember ihre Jungfernreise nach Südamerika an, die sich zu einer wahren Triumphfahrt gestaltete: »Ihr wurde in jedem Hafen in Spanien, Portugal und Brasilien ein begeisterter Empfang zuteil, der sich in Buenos Aires zu einem wahren Volksfest steigerte.«

Weitere Neubauaufträge der HAMBURG SÜD folgten, mit deren Ablieferung jedoch nicht vor 1922 zu rechnen war. Inzwischen gelang es auf einer Englandreise **John Eggert** (von 1906 bis 1954 Vorstandsmitglied der HAMBURG SÜD) die inzwischen in Liverpool aufgelegte »**Cap Polonio**« von den Briten zu einem unglaublich günstigen Preis zurückzuerwerben. Hierbei erwies es sich als ein Glücksfall, daß die britischen Reedereien mit der komplizierten deutschen Antriebsanlage nicht klar gekommen waren, so daß das neue Schiff nur zwei Reisen durchführte, bevor es wieder außer Dienst gestellt wurde. Am 20. Juni 1921 stand die »Cap Polonio« der HAMBURG SÜD wieder zur Verfügung und trat nach einer Generalüberholung bei der Bauwerft Blohm & Voss, bei der sie u.a. auf Ölfeuerung umgestellt wurde, am **16. Februar 1922** unter dem Kommando des uns bereits aus der Patagonienfahrt bekannten Kapitäns **Ernst Rolin** ihre Jungfernreise nach dem La Plata an, statt wie ursprünglich geplant Ende 1914.

84 Segelschoner »Lisa«, eines der ersten nach dem Kriege (1914-18) von der HAMBURG SÜD nach Brasilien gesandten Schiffe.

1922 kamen die ersten drei Neubauten von je 7.300 BRT, die als Auswandererschiffe mit Einrichtungen für die III. Klasse und das Zwischendeck konzipiert waren, die Dampfer »España«, »La Coruña« und »Vigo« zur Ablieferung. Sie boten den Fahrgästen als Einklassen-Schiffe den Vorteil, sich überall in den Gesellschaftsräumen und an Deck frei bewegen zu können. Den 700 Passagieren stand eine Besatzung von 78 Mann gegenüber, woraus der ge-

Abb.: 85

1922 lieferte die Hamburger Vulcan-Werft zwei Neubauten, die mit ihren Abmessungen und eleganten Einrichtungen an die Vorkriegs-Passagierdampfer der HAMBURG SÜD anknüpften, die »Antonio Delfino« und »Cap Norte« von je 13.600 BRT und 13 Kn, die Einrichtungen für 184 Passagiere in der I. Klasse, 334 in der II. Klasse in Kammern sowie für 1.368 Fahrgäste im Zwischendeck boten. Sie hatten eine Besatzung von je 211 Mann und rangierten hinsichtlich ihrer Ausstattung als Spitzenschiffe gleich nach der »Cap Polonio«. Die »Antonio Delfino« erwies sich als ein glückhaftes Schiff für die Reederei und führte mit der Präzision eines Uhrwerks ein volles Jahrzehnt ihre Reisen zwischen Europa und Südamerika durch. Am Morgen des **9. Juni 1929**, einem Sonntag, fand an Bord an der Überseebrücke die Premiere des **Hamburger Hafenkonzerts** statt . Seit jenem denkwürdigen Tag ist diese Sendung aus dem Hörfunkprogramm des Norddeutschen Rundfunks nicht mehr wegzudenken.

ringere Bedienungskomfort ersichtlich wird. Freundliche Unterkünfte und eine reichhaltige gediegene Hausmannskost festigten indes den alten Ruf der Reederei.

85 D »Vigo«

86 Doppelschrauben-Dampfer »Antonio Delfino«, Baujahr 1921, 13.600 BRT, 13 Kn, Pass. 184 I. Kl., 334 II. Kl., 1368 Zw. Deck, Bes. 211

87 D »Antonio Delfino«, Kajütenplan

88 D »Antonio Delfino«, Passageprospekt

89 Noten des Antonio Delfino-Marsches von R. Pfarr, Berlin

Abb.: 86

Abb.: 90

90 D »Cap Polonio«, Bj. 1914-1922, 20.580 BRT,
3 Schr., 20 Kn, Pass.: 356 I. Kl., 250 II. Kl.,
949 III. Kl., Bes. 460

91 »Cap Polonio« in Rio de Janeiro

Als das Schiff am 16. Februar 1922 seine Jungfernreise nach dem La Plata antrat, war dieses
wunderschöne Schiff trotz der achtjährigen
kriegsbedingten Zwangspause noch immer das
mit Abstand luxuriöseste und größte Schiff auf
der Südatlantik-Route. Für die Reederei erwies
es sich als ein Glücksfall, daß die ursprünglich
von der HAPAG georderten 20.000-Tonner »Johann Heinrich Burchard« und »William Oswald«,

die 1920 vom Koninklijke Hollandsche Lloyd erworben wurden und bis Januar 1922 als Flagg-
schiffe auf der Südatlantik-Route fuhren, von
diesen kurz zuvor als unwirtschaftlich an die
USA abgestoßen worden waren und so den
Weg für die neue Königin freimachten.

Obwohl sie in ihrer luxuriösen Ausstattung und
Geschwindigkeit fünf Jahre lang als Einzelschiff
fuhr, bevor 1927 das größere Schwesterschiff
»Cap Arcona« in Dienst gestellt werden konnte,
war sie beim deutschen und ausländischen Pu-
blikum außerordentlich beliebt und erzielte eine
hervorragende Auslastung. Alsbald wurde das

Abb.: 91

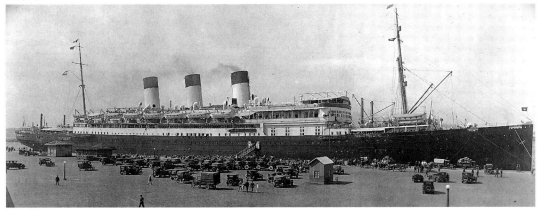

Abb.: 93

Foto: Hans Hartz, Sammlung A. Kludas

Schiff von der Reederei neben ihrem Linien-dienst auch für Luxuskreuzfahrten eingesetzt, wobei man mit Rücksicht auf die Reisewünsche der argentinischen High Society erstmals auch Kreuzfahrten von Buenos Aires in der jeweils günstigsten Jahreszeit antizyklisch (während des südamerikanischen Winters herrscht in Europa Sommer) nach Europa, aber auch nach Feuer-land bzw. entlang der brasilianischen Ostküste anbot und dies mit durchschlagendem Erfolg.

   92 D »Cap Polonio« (1) auf hoher See. Ölgemäl-de von Holger Koppermann (Seite 54)

Abb.: 96

93 D »Cap Polonio« im Hamburger Hafen (Fo-to Hans Hartz, Sammlung A. Kludas)

94 D »Cap Polonio« – Längsschnitt; Aus einem Prospekt des Atelier C. Adler, 1922

95 »Nach Südamerika«; Poster von A. Gottardi, Innsbruck (Seite 49)

96 Passagiere der 1. Klasse; Am zweiten Tisch sitzend Dr. Hugo Eckener, der berühmte Luftschiffer

97 Mit der »Cap Polonio« nach Russland. Zeit-genössisches Poster aus dem Jahre 1930 (Seite 54)

98 Fahrpläne

99 Die »Cap Polonio« auf der Ausreise elbabwärts 1924 (Sammlung Dr. Jürgen Meyer)

100 Die Schiffe der Monte-Klasse: Preiswerte Tou-ristenreisen und Kreuzfahrten 1924-1939

Als Folge der drastischen Einwanderungsbe-schränkungen in den USA zu Anfang der zwan-ziger Jahre erwartete die Geschäftsleitung der HAMBURG SÜD einen erheblichen Anstieg der Auswanderung von Europa nach Südame-rika, nachdem 1922 bereits 36.000 Passagiere mit der HAMBURG SÜD gereist waren. Dies führte 1922 zur Auftragsvergabe der ersten beiden der später so beliebten Monte-Schiffe an die Hamburger Werft Blohm & Voss. Es handelt sich um die beiden Motorschiffe »Monte Sarmiento« und »Monte Olivia« von je 14.000 BRT, die mit vier 6-Zylinder Dieselmotoren und Doppelschraubenantrieb ausgerüstet wurden. Die Schiffe waren mit Einrichtungen für 2.500 Passagiere in der III. Klasse ausgestattet, von denen 1150 in Schlafsälen und 1350 in Kabinen Unterkunft fanden.

Im November 1924 trat die »**Monte Sarmiento**« als erstes der beiden Neubauten und zugleich **größtes Motorschiff der Welt** ihre Jungfernreise nach dem La Plata an. Auch bei diesen Schiffen handelte es sich um Einklassen-Schiffe, auf denen den Passagieren sämtliche Decks- und Gesellschaftsräume zur freien Verfügung standen. Die Inneneinrichtungen wurden von der Firma C. Friese, Hamburg und Kiel, komfortabel ausgestattet. Eine große Zahl von Wannen- und Brausebädern sowie WCs sorgten für vorbildliche zeitgemäße sanitäre Einrichtungen, so daß diese Schiffe bei den Auswanderern alsbald außerordentlich beliebt waren.

Leider blieb der Auswandererverkehr jedoch stark hinter den Erwartungen der Reederei zurück, so daß die Wohndecks überwiegend nur für die Saisonarbeiter aus Spanien und Portugal genutzt werden konnten. Man suchte daher nach alternativen Einsatzmöglichkeiten. Hierbei erwies sich die besonders erfolgreiche **erste Kreuzfahrt der HAMBURG SÜD** mit der »**Cap Polonio**« von Buenos Aires **nach Feuerland** am 23. Dezember 1922 als Katalysator. Man entschloß sich, die Monte-Schiffe neben ihren La Plata-Reisen zu preiswerten **Touristen-Kreuzfahrten** nach Skandinavien, den Atlantischen Inseln und dem Mittelmeer einzusetzen, und dies, wie sich bald herausstellen sollte, mit großem Erfolg.

Abb.: 99   Foto : Sammlung Dr. Jürgen Meyer

Aufgrund ihres erfolgreichen Einsatzes entschloß sich die HAMBURG SÜD, 1927 und 1930 drei weitere Nachfolgebauten dieses Typs bei der gleiche Bauwerft in Auftrag zu geben, die mit identischen Abmessungen wie folgt zur Ablieferung kamen:

»Monte Cervantes« im Januar 1928, »Monte Pascoal« im Januar 1931 und »Monte Rosa« im März 1931.

101 MS »Monte Pascoal«

102 MS »Monte Pascoal«, Rauchsalon mit Blick in das Schreibzimmer und in die Halle

103 MS »Monte Pascoal«, Schreibzimmer

104 Kapitän Wilstermann, Führer der »Monte Pascoal«

105 MS »Monte Olivia«, Preisliste

106 MS »Monte Sarmiento«, Werbebroschüre für eine Palästina-Ägypten-Reise im April 1928

107 MS »Monte Rosa«, Bj. 1931, 14.000 BRT, 14 kn, Pass.2400, Bes. 272, (Blohm+Voss-Archiv),(Seite 53)

108 Werbeplakat: Nordlandreisen (Seite 54)

Abb.: 102

Abb.: 103

Abb.: 101

48

109 MS »Monte Rosa«, Nordlandfahrt Juni 1936, Bordunterhaltung mit Heidi Kabel

110 Werbeplakat: HAMBURG SÜD. Im Herbst nach den Atlantischen Inseln/Amazonas-Brasil-Reise (Seite 53)

111 Werbeplakat für eine Kreuzfahrt nach Venedig (Seite 53)

112 Werbeplakat für eine Afrika-Brasil-Reise

Zu den Höhepunkten der HAMBURG SÜD-Kreuzfahrten zwischen 1935 und 1939 gehörte die 1936 durchgeführte Afrika-Brasil-Reise der »Monte Rosa«, die zu sensationell niedrigen Preisen ab RM 460 die Urlauber über die Azoren und Afrika bis an den Amazonas und zu den bekanntesten Häfen Brasiliens brachte und von dort zurück nach Europa.

Die **Kreuzfahrten der »Monte Cervantes«** standen unter keinem glücklichen Stern. In der Nacht vom 23. zum 24. Juli 1928 geriet das Schiff auf der Fahrt vom Nordkap nach Spitzbergen in Treibeisfelder, die das Schiff leckschlugen. Die Lage auf dem mit 1.500 Passagieren besetzten Schiff begann durch Absacken des Vorschiffes kritisch zu werden, so daß man den sowjetischen Eisbrecher »Krassin« zur Hilfe rief, und es gelang gemeinsam durch Abdichten des Lecks das Schiff wieder fahrtüchtig zu machen.

Abb.: 113

113 MS »Monte Cervantes« auf einer Klippe der Eclaireur-Inseln im Januar 1930

114 Die »Monte Cervantes« nach dem Kentern

Im Januar 1930 machte die »Monte Cervantes« ihre erste Feuerland-Kreuzfahrt. Beim Passieren des Eclaireur-Passes im Beagle-Kanal lief das Schiff trotz Lotsenassistenz auf felsigen Grund, der ein so großes Leck schlug, daß das Schiff schnell zu sinken begann. Kapitän Dreyer befahl daraufhin das Ausbooten der Passagiere. Alle 26 Boote und vier Barkassen wurden ohne jede Panik oder Aufregung klargemacht und innerhalb einer Stunde waren alle 1.117 Passagiere in den Booten. Sie wurden von einem Küstendampfer übernommen und zur

Abb.: 114

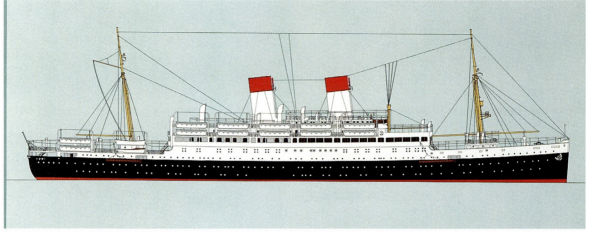

Abb.: 107

Foto: Blohm + Voss Archiv

Abb.: 110

Abb.: 111

108

Abb.: 97

Abb.: 92

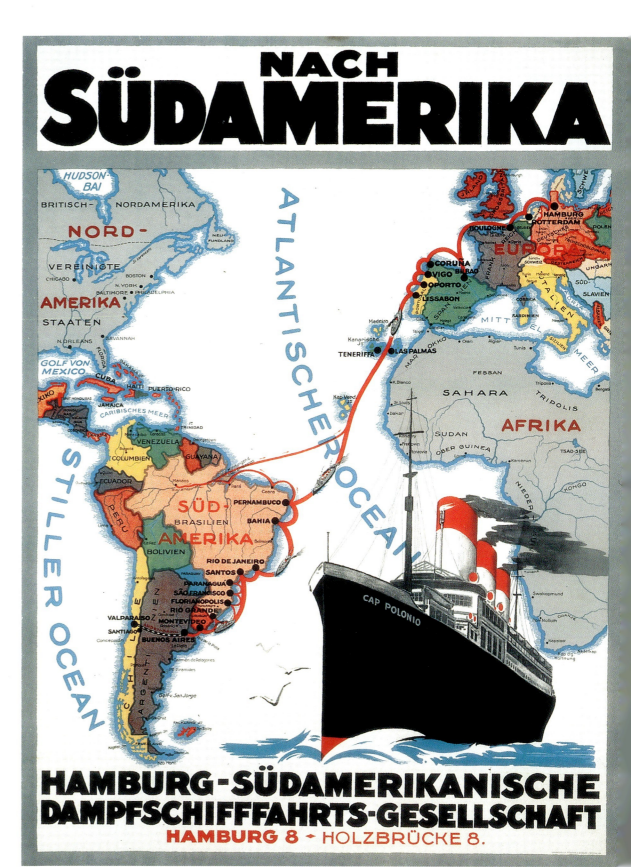

Abb.: 95

PICTORIAL APPENDIX
By Dietmar Borchert

PERNAMBUCO 1883, Hamburg-Süd

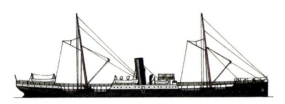

ROSARIO 1893, Hamburg-Süd

MONTEVIDEO 1889, Hamburg-Süd

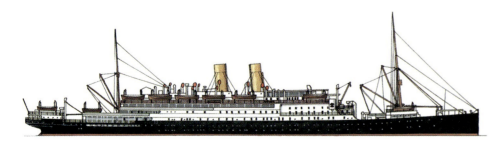

CAP FINISTERRE 1911
Hamburg-Süd, Hamburg

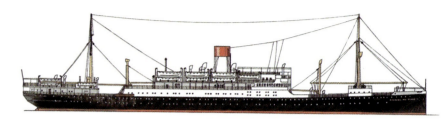

GENERAL SAN MARTIN 1930
ex THURINGIA
Hamburg-Süd, Hamburg

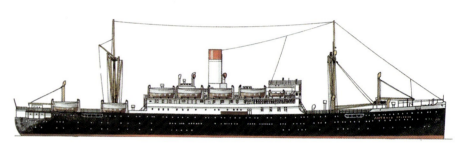

ANTONIO DELFINO 1938
Hamburg-Süd, Hamburg

MONTE PASCOAL 1931
Hamburg-Süd, Hamburg

Abb.: 137

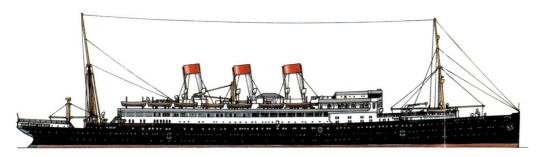

CAP TRAFALGAR 1914
Hamburg-Süd, Hamburg

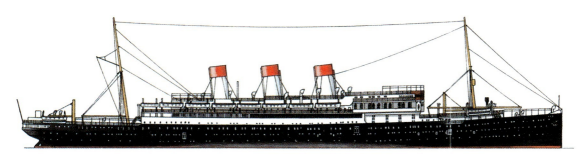

CAP POLONIO 1921
Hamburg-Süd, Hamburg

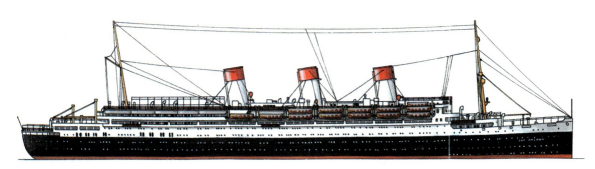

BORCHERT ⚓ 5/88

CAP ARCONA 1935
Hamburg-Süd, Hamburg

benachbarten Insel Ushuaia gebracht, wo sich die Einwohner rührend um die Schiffbrüchigen bemühten. Vergeblich versuchten der Kapitän und ein Teil der an Bord zurückgebliebenen Besatzung, das Schiff inzwischen zu retten. Es kenterte am anderen Tage und riß den Kapitän mit in die Tiefe.

115 Kapitän Dreyer gelang es als einzigem nicht mehr, die kenternde »Monte Cervantes« noch rechtzeitig zu verlassen

116 Presseberichte über den Untergang der »Monte Cervantes«

117 D »Cap Arcona«(2), Stapellauf am 14. Mai 1927

Abb.: 115

Abb.: 117

Das neue Flaggschiff

1926 entschloß sich die Geschäftsleitung der HAMBURG SÜD aufgrund des guten Passageaufkommens zur Inauftraggabe eines zweiten großen Passagierdampfers bei der Werft Blohm & Voss, um nicht hinter der wachsenden ausländischen Konkurrenz zurückstehen zu müssen. Die Schiffsgröße des neuen Passagierdampfers war durch die geringe Fahrwassertiefe im La Plata und dem dadurch bedingten maximalen Tiefgang von unter neun Metern begrenzt, so daß der neue Luxus-Liner mit 27.560 BRT vermessen wurde.

128 D »Cap Arcona« (2), Bj 1927, 27.560 BRT, 20 Kn, Modell 1:100

Die »Cap Arcona« trat am **19. November 1927** als neues Spitzenschiff der Südatlantik-Route ihre Jungfernreise unter dem inzwischen zum Kommodore ernannten Kapitän **Ernst Rolin** von Hamburg über Rio de Janeiro und Santos nach den La Plata-Häfen Montevideo und Buenos Aires an. Wieder, wie zu Beginn der Neueröffnung des Dienstes durch die »Argentina« vor sieben Jahren, wurde auch diese Reise zu einer wahren Triumphfahrt. Mit ihrer Dienstgeschwindigkeit von 20 Kn (= 37 Km) reduzierte sich die Reisezeit mit der »Cap Arcona« auf 12 Tage nach Rio und 15 Tage nach Buenos Aires.

Die Innenausstattung des Schiffes wurde wieder der Firma C. Friese in Hamburg und Kiel übertragen in Zusammenarbeit mit dem Architekten H.E. Mieritz. 550 Fahrgäste fanden in der 1. Klasse in 379 Kammern Platz, von denen ein großer Teil mit Bad, Bidet und WC ausgestattet war, in der II. Klasse waren 374 Fahrgäste in Zwei- und Vierbett-Kammern untergebracht, während 500 Passagiere der III. Klasse in Wohndecks ohne Kabinenunterteilung Platz fanden.

Es standen ein Schwimmbad, eine Turnhalle und ein Sportdeck mit einem Tennisplatz zur Verfügung, sowie in der I. Klasse neben Geschäften eine Gärtnerei, eine Schneider- und Schuhmacherwerkstatt, Personenaufzüge, Wäscherei, Druckerei, Hundezwinger mit Pfleger sowie ausgedehnte medizinische Räume mit allen modernen Behandlungsgeräten.

1928 ging die »Cap Arcona« auf ihre erste Kreuzfahrt, als sie die schon traditionelle Extrareise von Buenos Aires nach Rio de Janeiro und Santos durchführte. Es folgten Luxuskreuzfahrten von Buenos Aires nach Westindien sowie mit der »Cap Polonio« nach New York.

Bis zum August 1939 absolvierte die »Cap Arcona« 91 Rundreisen und beförderte 200.000 Passagiere.

118 D »Cap Arcona« bei Antritt der Jungfernreise im Hamburger Hafen am 19. November 1927. Plakat von Robert Schmidt-Hamburg (Seite 58)

119 Das Hallenschwimmbad der »Cap Arcona«

120 D »Cap Arcona«, Halle auf dem Promenadendeck

121 D »Cap Arcona«, Luxuskabine

Überseebrücke im Hamburger Hafen

Nachdem die Hamburger Hafen Lagerhaus AG das Anlaufen der großen Passagierdampfer an den St. Pauli Landungsbrücken aus Sicherheitsgründen untersagte, wurde eine neuzeitliche Pieranlage für den Aus- und Einstieg der Fahrgäste im Hamburger Hafen immer dringlicher, da die Einschiffung der Passagiere auf die an den Pfählen liegenden Überseeschiffe mittels Tendern nicht mehr zeitgemäß erschien. Wiederholten Vorstellungen der HAMBURG SÜD beim Senat hatten schließlich Erfolg und führten zum Bau der heute noch intakten **Überseebrücke,** die 1929 fertiggestellt wurde und von

58

Abb.: 119

Abb.: 120

Abb.: 121

59

Abb.: 122

nun an den Hamburgern, die dort mit der Hochbahn vorbeifuhren, die unvergeßliche Silhouette der großen Zwei- und Dreischornsteiner der Vorkriegsjahre bis zur »Queen Elizabeth 2« der Gegenwart bot, deren Anblick das Herz jedes Schiffahrtsfans höher schlagen ließ und unwillkürlich das große Fernweh in ihm erweckte.

Die deutsch-brasilianische Luftlinie Condor Syndicat, ein Tochterunternehmen der Lufthansa, unterhielt seit 1926 eine Fluglinie für

Abb.: 123

Post und Passagiere zwischen Rio Grande do Sul, Porto Alegre, Rio de Janeiro und dem westafrikanischen Natal. (Foto: Altonaer Museum, Text aus Arnold Kludas: Die Cap-Schnelldampfer der HAMBURG SÜD, Hamburg 1996).

Durch diesen Postaustausch bei Fernando de Noronha und noch einmal auf der anderen Seite bei Teneriffa, einem kombinierten Flugzeug-Dampfer-Postdienst, der von 1930-1935 von der Lufthansa regelmäßig für die »Cap Arcona« und »Cap Polonio« im Auftrag der Reichspost durchgeführt wurde, konnte gegenüber der normalen Postlaufzeit ein Gewinn von 10 Tagen erzielt werden.

122 Kommodore Ernst Rolin mit seinen Offizieren und prominenten Gästen an Bord der »Cap Arcona«: Kronprinzessin Cecilie von Preußen (4.v.r.) und in der Mitte (6.v.r.) einer ihrer Söhne, Prinz Friedrich

123 Begegnung der »Cap Arcona« mit der Viermastbark »Peking« der Reederei F. Laeisz auf See

124 Beim Äquator-Maskenball auf der »Cap Arcona«. Der Herr in der Mitte mit dem Turban ist Kommodore Ernst Rolin

125 Die »Cap Arcona«, aufgenommen von der »Cap Polonio«

In den Jahren 1930-1937 wurden unter Leitung von Dr. Hugo Eckener regelmäßige Luftschiffreisen mit dem »Graf Zeppelin« von Friedrichshafen über Sevilla nach Südamerika durchgeführt, die den Luftpostweg weiter verkürzen halfen und leider durch die Brandkatastrophe der »Hindenburg« in Lakehurst 1937 ihr vorzeitiges Ende fanden. Die Flugdauer von Friedrichshafen über Pernambuco nach Rio de Janeiro betrug drei Tage. Generalagent war die Hamburg-Amerika Linie. Das Luftschiff bot großzügige Unterkunft für 20 Passagiere 1. Klasse.

Neugliederung des Fahrtgebietes Südamerika Ostküste 1934/35

Nach dem Ende des Ersten Weltkrieges wurde die Fahrplangemeinschaft zwischen der HAMBURG SÜD und der Hamburg-Amerika Linie (HAPAG) aufgrund der veränderten wirtschaftlichen Verhältnisse nicht wieder erneuert. Die Geschäftsleitungen blieben sich jedoch freundschaftlich verbunden und konsultierten sich in unternehmenspolitischen Entscheidungen, die beide Gesellschaften berührten. So beschloß man bereits 1916, einen gegenseitigen Austausch von Vorzugsaktien zur Verhinderung des Erwerbs von Aktienmehrheiten durch Dritte vorzunehmen. Als nach der Indienststellung der »Cap Arcona« der Norddeutsche Lloyd erhebliche Marktverluste in der Südamerika-Ostküstenfahrt an die Hamburger Konkurrenz befürchtete, versuchte er unter Einschaltung niederländischer Kreditgeber die Aktienmehrheit der HAMBURG SÜD zu erwerben, was die HAMBURG SÜD durch eine Satzungsänderung zu verhindern vermochte, wonach die Mitglieder des Aufsichtsrates in Hamburg ansässig sein mußten.

Nach der nationalsozialistischen Machtübernahme 1933/34 gelangten die Aktienmehrheiten der drei Großreedereien HAPAG, Norddeutscher Lloyd und HAMBURG SÜD aufgrund ihrer hohen Bankschulden infolge der Weltwirt-

Abb.: 124

schaftskrise der Jahre 1930/32 in Staatsbesitz. Die Reichsregierung dekretierte daraufhin eine Neuaufteilung der deutschen überseeischen Fahrtgebiete.

Diese Neugliederung sah u.a. die Ausgliederung der Südamerika Ostküstendienste der HAPAG und des Norddeutschen Lloyd vor, mit Ausnahme des **Nordbrasil-Dienstes**, der dem **Norddeutschen Lloyd** zugeteilt wurde. Der **HAMBURG SÜD** wurden die **Mittel- und Südbrasil-Dienste** sowie die **La Plata**-Häfen als alleiniger Betreiberin übertragen, mit der Maßgabe, daß die HAPAG und der Norddeutsche Lloyd ihre dort eingesetzte Tonnage an die HAMBURG SÜD zu einem äußerst günstigen Verrechnungspreis abzutreten hatten.

Hierbei handelte es sich um folgende Schiffe:

Abb.: 125

Hapag

MS General Osorio	11.590 BRT
D General Artigas	11.254 BRT
D General San Martin	11.251 BRT
D Amassia	3.235 BRT
D Eifel	4.621 BRT
D Eupatoria	3.171 BRT
D Georgia	3.023 BRT
D Hohenstein	4.576 BRT
D Paraguay	3.971 BRT
D Taunus	4.611 BRT
D Uruguay	5.846 BRT
D Westerwald	4.541 BRT
	71.690 BRT

Norddeutscher Lloyd

D Alrich	4.977 BRT
D Berengar	4.845 BRT
D Grandon	5.898 BRT
D Holstein	4.969 BRT
D Ludwigshafen	5.918 BRT
D Madrid	8.777 BRT
D Münster	4.565 BRT
D Rapot	5.943 BRT
D Witell	6.079 BRT
D Witram	6.097 BRT
	58.068 BRT

Für die HAMBURG SÜD war diese Neuregelung natürlich eine wettbewerbsmäßige Entlastung. Die weitere politische und wirtschaftliche Entwicklung bis zum Ausbruch des Zweiten Weltkrieges war indes wenig verheißungsvoll.

126 Einen unvergeßlichen Anblick bot die Hamburger Hafenkulisse um 1930, wenn mehrere Hamburger Passagierdampfer zu gleicher Zeit an der Überseebrücke lagen. Von rechts nach links die HAMBURG SÜD-Dampfer »Cap Arcona«, »Monte Sarmiento« und »Monte Rosa«

127 Luftpostübergabe auf See. Das Postboot der »Cap Arcona« macht vor Rio de Janeiro am Flugboot »Olinda« vom Typ Dornier »Wal« fest

128 Schiffspost der »Cap Arcona« mit Bordstempel

129 Ozeanriese und Luftschiff : »Cap Arcona« und »Graf Zeppelin« begegnen einander im Südatlantik

130 Das Luftschiff »Graf Zeppelin« wird von den Passagieren der »Cap Arcona« begrüßt

Als Unterorganisation der »Deutschen Arbeitsfront« (DAF) wurde am 27. November 1933 die NS-Gemeinschaft »Kraft durch Freude« ins Leben gerufen. Ihr Initiator war Dr. Robert Ley. Zu den erklärten Zielen der Gemeinschaft gehörten: »Leistungssteigerung durch Urlaub und Entspannung, Hebung der Volksgesundheit, Aufwertung des deutschen Arbeiters, Förderung der Volksgemeinschaft aller Deutschen, Völkerverständigung und Friedensbereitschaft.« Tatsächlich wurde »Kraft durch Freude« in kurzer Zeit zum wohl größten Urlaubsveranstalter der Welt« (aus: Arnold Kludas in Band V der Geschichte der Deutschen Passagierschiffahrt, Hamburg, 1990). Vorbild für die von ihr durchgeführten Seereisen waren die bereits von der HAMBURG SÜD seit Sommer 1925 durchgeführten billigen Touristen-Kreuzfahrten nach Norwegen, Nordkap und den Atlantischen Inseln. Von den drei Großreedereien HAPAG, Norddeutscher Lloyd und HAMBURG SÜD wurden die dafür geeigneten Schiffe, wie die »Monte«-Schiffe, von der KdF-Organisation gechartert. Die ersten KdF-Reisen begannen am **3. Mai 1934** gleichzeitig in Bremerhaven und Hamburg mit der »Dresden« des NDL und der »Monte Olivia« der HAMBURG SÜD.

131 MS »Belgrano« (3), Bj. 1936, 6.100 BRT, 13 Kn, Bes. 34

Eines von sechs Frachtmotorschiffen von 9.600 Tonnen Tragfähigkeit, die von 1936 bis 1944 von den Howaldtswerken Hamburg zur Ablieferung kamen. Noch 1936 folgten die beiden Schwesterschiffe: »Porto Alegre« und »Montevideo«.

Abb.: 126

Im letzten Geschäftsbericht vor dem Zweiten Weltkrieg von 1938 heißt es u.a.:
»Besondere Aufmerksamkeit wenden wir der neuerdings stark ansteigenden Einfuhr von Früchten aus Argentinien und Brasilien nach Deutschland zu und versehen zunächst neun unserer Schiffe mit **Luft-Kühleinrichtungen** für Beförderung von Apfelsinen, Bananen, Äpfeln usw. Da das Ergebnis der ersten Monate des jetzt laufenden Geschäftsjahres (1939) ebenfalls befriedigend war, können die Aussichten auch weiterhin als günstig bezeichnet werden.«

»Der **Passagierverkehr mit Südamerika** hatte 1929 mit 57.859 beförderten Personen einen Höhepunkt erreicht,« schreibt der Chronist der HAMBURG SÜD, Herbert Wendt, 1960 und fährt fort: »Dieser Stand kehrte niemals wieder. Der Durchschnitt der Jahre 1933-1938 betrug rund 29.000 Fahrgäste, obwohl die HAMBURG SÜD seit 1934 auch die Passagierschiffe von HAPAG und Norddeutschem Lloyd in der Südamerikafahrt übernommen hatte. Ein Anwachsen des Passagegeschäftes zeigte sich lediglich noch in den Jahren 1935/36 aufgrund der **Olympischen Spiele**. Dafür nahmen die **Gesellschaftsreisen** ins Nord- und Mittelmeer,

zu den Atlantischen Inseln und nach England so zu, daß sich die Teilnehmerzahl im Jahresmittel **von 1933-1937 mehr als vervierfachte**. Im Jahre 1937 fuhren auf HAMBURG SÜD-Schiffen dreimal mehr Touristen zu den einzelnen Sonderzielen als Passagiere von und nach Südamerika. Doch auch dieses Geschäft wurde der HAMBURG SÜD verdorben. Während die HAMBURG SÜD von 1934-1937 jährlich im Durchschnitt fünfzig Touristenreisen veranstaltet hatte, konnte sie 1938 nur noch vierzehn Sonderfahrten durchführen.

Wie aus nachstehender Tabelle zu ersehen ist,

Abb.: 127

63

Abb.: 132

Jahr	Schiffsbestand	BRT	Linienfahrten	Ausfracht
1935	36	279259	145	696894 t
1937	44	328380	189	997800 t
1938	49	367078	210	750655 t
1939	52	385324	145	544097 t
Jahr	Rückfracht		Passagiere	Touristenreisen	Teilnehmer
1935	667601 t	46022	65	96960
1937	999593 t	29152	54	89 693
1938	123327 t	28393	14	18 119
1939	929313 t	23 170	1	432

erreichte der **Tonnagebestand** bis **August 1939 52 Schiffe mit insgesamt 385.000 BRT, ohne die noch im Bau befindliche Tonnage.**

Durch den Ausbruch des Zweiten Weltkrieges erfuhr diese äußerst turbulente Wiederaufbauphase der Jahre 1919-1939 ein jähes Ende.

132 Kommodore Richard Niejahr löste 1933 den aus Altersgründen ausgeschiedenen verdienstvollen Führer der »Cap Arcona« Ernst Rolin als Kapitän ab und wurde 1937 zum Kommodore befördert

133 Werbeplakat: Weihnachten auf See, Sylvester auf Madeira**Seereisen mit »Kraft durch Freude« (KdF) 1934-1939**

134 Doppelschrauben-Motorschiff »General Osorio« (ex HAPAG), Bj. 1929, 11.590 BRT, 15 Kn, nach Übernahme von der HAPAG im neuen HAMBURG SÜD-Farbanstrich 1936. Ihre Passagierkapazitäten waren: 228 II. Klasse, 750 III. Klasse, Bes. 196

135 MS »Monte Sarmiento« auf KdF-Reise nach Norwegen im Juni 1937

136 KdF-Urlauber an Bord der »Monte Sarmiento«

137 Schiffssilhouetten der Flotte der HAMBURG SÜD von 1883 bis 1935 von Dietmar Borchert (Seite 50-52)

Abb.: 134

MODERN · INNOVATIV · ZUKUNFTSWEISEND

Postfach 10 07 20 · D - 20005 Hamburg · Tel.: + 49 (40) 31 19 0 · Fax: + 49 (40) 31 19 33 33

Abb.: 138

Foto: RAF / Imperial War Museum, London

Abb.: 140

Der Zweite Weltkrieg und seine Folgen (1939-1949)

Die ersten chiffrierten Warnungen des bevorstehenden Krieges erhielten die deutschen Schiffe in den frühen Morgenstunden des 25. August 1939. Es war in erster Linie der Umsicht und Tüchtigkeit der Schiffsleitungen und Besatzungen zu verdanken, daß trotz dieser verhältnismäßig kurzen Vorwarnzeiten 76 Schiffe mit 463.000 BRT ihre Heimathäfen bis zum 9. April 1940 erreichten. Aus den südamerikanischen Gewässern kehrten allein 19 Schiffe zurück, davon gehörten 18 der HAMBURG SÜD. Die beiden größten erfolgreichen Blockadebrecher der Hamburger Reederei waren die »Monte Pascoal« (13.870 BRT), die am 14. Oktober 1939 von Buenos Aires in Hamburg eintraf, und ihr Schwesterschiff, die »Monte Olivia«, welches fünf Tage später in Hamburg festmachte.

Anders als im Ersten Weltkrieg befanden sich die deutschen Handelsschiffe in den sechs Kriegsjahren im kontinuierlichen Einsatz zur Nachschubsicherung, als Hilfsschiffe der Kriegsmarine und insbesondere in den Wintermonaten von 1945 zur Rückbeförderung von insgesamt zwei Millionen Flüchtlingen und Verwundeten aus den deutschen Ostgebieten. Sie, d.h. ihre Schiffsführer und Besatzungen, leisteten hierbei Außerordentliches.

Eines der herausragendsten und tragischsten Schicksale ereilte das Flaggschiff der HAMBURG SÜD, die »Cap Arcona«. Nachdem sie auf drei aufeinanderfolgenden Reisen in den letzten Kriegsmonaten allein 26.000 Menschen aus dem Osten zurückbefördert hatte, ging sie von Kopenhagen kommend wegen Brennstoffmangels am 14. April 1945 in der Neustädter Bucht vor Anker. Dort wurden ihr von der SS Ende April 4.600 Häftlinge, davon 2.700 aus dem Konzentrationslager Neuengamme, zur Aufnahme als schwimmendes Gefängnis angedient. Vergeblich erhob Kapitän Heinrich Bertram, der schon in Friedenszeiten unter Kommodore Niejahr als I. Offizier auf der »Cap Arcona« gefahren war, hiergegen schärfsten Protest, unter Hinweis, daß weder genügend Trinkwasser noch Proviant für eine so große Menschenzahl an Bord seien. Als man ihm sofortige Erschießung im Weigerungsfall androhte, mußte er der Gewalt weichen. Wenige Tage später, am 3. Mai, wurde das Schiff zusammen mit zwei weiteren deutschen Dampfern von tieffliegenden britischen Jagdbombern mit Brand- und Splitterbomben angegriffen und in Brand geschossen. Vergeblich versuchten die verzweifelten Häftlinge, durch weiße Tücher, mit denen sie aus den Bullaugen winkten, die Piloten auf sich aufmerksam zu machen. Auch die Schiffsleitung hatte eine weiße Flagge gehißt. Die »Cap Arcona« kenterte als lodernde Fackel und begrub den Großteil der an Bord befindlichen Menschen.

138 Die brennende »Cap Arcona«, 3. Mai 1945, Luftaufnahme der RAF Piloten (Imperial War Museum, London)

139 Verbleib der Hamburger Seeschiffe 1939-1945. Zusammenstellung von Dr. W. Kresse und Dr. C. Prange, grafische Gestaltung von W. Wiedey. (Aus: Prange: Auf zur Reise durch Hamburgs Geschichte, Hamburg 1990)

140 Durch Luftangriffe zerstörte Hafenanlagen und zahllose versenkte Schiffe machen den Hamburger Hafen nach Kriegsende nahezu funktionsunfähig

Die Zerschlagung der deutschen Handelsflotte

Im **Potsdamer Abkommen** wurde die deutsche Handelsflotte, soweit sie den Krieg überlebte, zum Kriegspotential erklärt und mußte ein weiteres Mal an die Siegermächte (Großbritannien, Frankreich und die UdSSR) ausgeliefert werden. 1,5 Mio. BRT des bei Kriegsbeginn insgesamt 4,5 Mio. BRT umfassenden Schiffsraumes der deutschen Handelsflotte waren bei Kriegsende noch vorhanden. Der Großteil der deutschen Werftindustrie wurde als Reparationsleistungen von den Siegermächten demontiert . Erst nach fünfjähriger Zwangspause waren dann die Schiffbau- und Schiffahrtsbeschränkungen für die inzwischen neugegründete

Bundesrepublik Deutschland so weit gelockert, daß an einen schrittweisen Wiederaufbau der überseeischen Liniendienste gedacht werden konnte. Die letzten Beschränkungen wurden am 1. April 1951 und im Oktober 1952 aufgehoben.

141 MS »Santa Ursula«, Bj. 1951, 7.000 BRT, 10.000 tdw, 13 kn, Pass. 24, Bes. 48

142 MS »Santa Teresa«(1), Bj. 1953, 9.000 BRT, 11.700 tdw, 14 kn, Pass. 28, Bes. 54, Modell 1:100

Abb.: 141

Abb.: 142

Unser Bier Kommt
unter die Reeder!

Abb.: 144

Die HAMBURG SÜD nimmt ihren Südamerika- Ostküsten-Dienst wieder auf (1950-1980)

Noch ehe der Neuaufbau 1950 wieder beginnen konnte, verstarb im Alter von 81 Jahren einer der beiden Stützen der Gesellschaft, **Theodor Amsinck,** am 8. März 1950. Ihm gemeinsam mit John Eggert verdankte die HAMBURG SÜD ihren einzigartigen Wiederaufstieg nach dem Ersten Weltkrieg. An der Spitze der Gesellschaft standen nun noch **John Eggert** im Alter von 75 Jahren und **Herbert Amsinck**, 50 Jahre, als Mitglieder des Vorstandes. Sie sorgten dafür, daß das Personal der Reederei zusammenblieb und der Geschäftsverkehr so gut es eben ging noch abgewickelt wurde. Die HAMBURG SÜD erlitt durch den Krieg und das Potsdamer Abkommen einen Verlust von 90 Millionen Reichsmark, berechnet auf der Grundlage von 1939, was 1950 einem Betrag von 270 Millionen DM entsprach. Hierfür konnte ohne Hilfe von außen kein Ausgleich geschaffen werden. In dieser Situation erwies es sich als ein Glücksfall, daß der zukünftige Alleinerbe der Firma Dr. August Oetker, **Rudolf August Oetker**, 1942 sechsundzwanzigjährig in den Aufsichtsrat der HAMBURG SÜD berufen worden war und sich seitdem gründlich mit den Problemen der Schiffahrt vertraut gemacht hatte.

Als nach der Währungsreform am 20. Juni 1948 die neue Bundesregierung unter dem damaligen Wirtschaftsminister **Ludwig Erhard** mit der Proklamation der Freien Marktwirtschaft und einem aktiven überseeischen Außenhandel die entscheidenden neuen Richtungen gewiesen hatte, waren auch die Voraussetzungen für ein Wiedererstehen einer deutschen Überseeschiffahrt gegeben. Nach der Lockerung der Schiffbaubeschränkungen durch das **Petersberger Abkommen** im November **1949** wurde auf Initiative der Bundesregierung vom Bundestag einstimmig die Gewährung eines Wiederaufbaukredits von 100 Millionen DM aus Bundesmitteln für den Schiffbau verabschiedet, während das Finanzministerium der gesamten Wirtschaft steuerliche Vergünstigungen für Investitionen in Schiffbau und Schiffahrt gemäß § 7 d Abs. 2 EStG. einräumte.

So kam es zu einer idealen Zusammenarbeit zwischen kluger staatlicher Förderung und unternehmerischer Privatinitiative. Dieses war für **Rudolf August Oetker** der Startschuß für ein entsprechendes Engagement bei der HAMBURG SÜD, und auf seine Initiative erhielten im Januar 1950 die Howaldtswerke Hamburg den Bauauftrag für vier moderne 10.000 tdw große Motorschiffe der sogenannten »Santa«-Klasse.

In konsequenter Weichenstellung für die erforderlichen privatwirtschaftlichen Investitionen wurde auf Beschluß der Hauptversammlung am 15. März **1951** die HAMBURG SÜD mit der DM-Eröffnungsbilanz von einer Aktiengesellschaft in eine **Kommanditgesellschaft** umgewandelt. Persönlich haftende Gesellschafter wurden John Eggert und Herbert Amsinck. Seitdem firmiert die Gesellschaft Hamburg-Südamerikanische Dampfschifffahrts-Gesellschaft Eggert & Amsinck. Am Kommanditkapital von 4,96 Millionen DM beteiligte sich die OHG Dr. August Oetker mit 49,40 Prozent, die Vereinsbank in Hamburg mit 46,77 Prozent, die Theodor Wille KG mit 2,62 Prozent und die Firma Nottebohm & Co. mit 1,21 Prozent. Nach dem Ausscheiden von John Eggert – er starb 81jährig am 1. Dezember 1957 – und Herbert Amsinck als persönlich haftende Gesellschafter trat **Rudolf August Oetker** am

6. Januar 1961 **als Alleininhaber** an ihre Stelle unter gleichzeitiger Erhöhung des Kommanditkapitals auf 13,4 Millionen DM. **1981** wurde die Hamburg-Südamerikanische Dampfschifffahrts-Gesellschaft Eggert & Amsinck wieder in eine **Kommanditgesellschaft** umgewandelt. Komplementär ist die Firma **Dr. August Oetker,** Bielefeld.

Am **5. April 1951** trat das Motorschiff »**Santa Ursula**« unter dem Kommando von Kapitän Sander als erster der vier Neubauten der Howaldtswerke seine Jungfernreise von Hamburg nach dem La Plata an.

Es war eine konsequente Weiterentwicklung des bewährten Vorkriegstyps der »Belgrano«-Klasse von 1936-1944. Es verfügte über zwölf Doppelkabinen für 24 Fahrgäste. Die Gestaltung der Passagiereinrichtungen wurde **Prof. Cäsar F. Pinnau** übertragen, der auch für die weiteren Neubauten für die HAMBURG SÜD tätig blieb. An der Jungfernreise nahmen Herbert Amsinck als Vorstandsmitglied und Sohn Theodor Amsincks sowie der frühere Chefkoch der »Cap Arcona« (2), Willi Sibilis, teil, und sie wurde ein weiteres Mal für die Gesellschaft zu einer Triumphfahrt. Sowohl beim Anlaufen der Kanarischen Inseln als auch in den südamerikanischen Häfen fanden der Neubau und die Wiedereröffnung des traditionellen Liniendienstes ein begeistertes Echo. In Buenos Aires gab die Stadt zu Ehren der HAMBURG SÜD ein Essen, auf dem Herbert Amsinck in Begleitung des langjährigen Vertreters der Reederei in Argentinien, **Antonio Delfino,** unter großem Beifall auf die starken kulturellen und wirtschaftlichen Bande zwischen den beiden Ländern hinwies, die auch zwei Weltkriege nicht zu trennen vermochten.

Am 25. Mai 1951 folgte das Schwesterschiff »Santa Elena«. Als die Neubauten Nr. 3 und 4 wurden die »Santa Catarina« und »Santa Isabel« im Oktober 1951 bzw. Januar 1952 abgeliefert. Sie besaßen Einrichtungen für 24 Passagiere bei einer 52köpfigen Besatzung. Die Abmessungen und Geschwindigkeit dieser vier Schiffe waren noch den Baubeschränkungen des Petersberger Abkommens unterworfen.

In **Dr. Rolf Kersten**, den Rudolf August Oetker 1953 in die Geschäftsleitung berief, gewann er einen kongenialen Partner. Oetker selbst verschaffte sich durch Reisen nach Südamerika vor Ort einen unmittelbaren Eindruck von den Landesverhältnissen und den Wünschen seiner Kunden, die wiederum in seine weiteren Planungen des Schiffbauprogramms einfloßen.

Anfang 1953 folgten unter den Namen »Santa Teresa« (1) und »Santa Inés« (2) die beiden letzten Schiffe der Santa-Klasse, die jedoch mit 9.000 BRT ihre vier Vorgängerinnen um 2.000 Tonnen überstiegen und, bei einer Passagierkapazität von je 28 Fahrgästen, diese auch noch in der Formschönheit und Eleganz der Inneneinrichtungen übertrafen. Sie waren zugleich die letzten Passagierschiffe (mit mehr als 12 Fahrgästen), so daß mit ihrem Ausscheiden im **Juli 1961** die große Ära der **Passagierschiffahrt** der HAMBURG SÜD **endete**. Das **Flugzeug**, im transatlantische Linienflug, war an ihre Stelle getreten, das die Kontinente in wenigen Stunden überbrückte, wofür die Schiffe bis dato Wochen, wenn nicht Monate benötigten. Umsomehr widmete man sich bei der HAMBURG SÜD künftig dem **Frachtverkehr**.

143 HAMBURG SÜD Kontorhaus an der Holzbrücke 8 im Jahr des Umzugs in die Ost-West-Straße 1965

144 Das gegenwärtige Verwaltungsgebäude der HAMBURG SÜD in der Ost-West-Straße 59 in Hamburg

Was wurde aus den deutschen Einwanderern in Brasilien?

Nachdem die großartige Ära der Passagierschiffahrt auf der Südamerika-Route zu Ende gegangen war, die hunderttausenden von deutschen Auswanderern im Laufe von mehr als 100 Jahren eine neue Existenz, insbesondere in Südbrasilien brachte, fragten wir einen Deutschen, der 1950 per Schiff nach Brasilien auswanderte, nach dem Schicksal seiner Landsleute drüben in der Generationenfolge. Er sandte 1992 nachstehenden Bericht aus Porto Alegre, der seine persönlichen Eindrücke und Erfahrungen in lebendiger Weise wiedergibt.

…

»Als ich meine Schwiegermutter (geb.1906) hierauf ansprach, erzählte sie uns von der mitgemachten Jungfernreise der Monte Olivia (23. April 1925 ab Hamburg, d. Verf.) und dem Kapitänsessen mit Matjesheringen und anderen deutschen Spezialitäten. Überhaupt wurden die Ereignisse der Verbindung mit Deutschland nach dem Ersten Weltkrieg in großem Stil gefeiert und der Besuch eines Kommandanten der Deutschen Reichsmarine in Porto Alegre war immer Anlaß zu einem Ball und großer Gesellschaft. Da die Deutschbrasilianer und Auswanderer aufgrund der Zeit und Kosten in den seltensten Fällen das alte Vaterland wieder besuchen konnten, wuchs die Sehnsucht und die Glorifizierung der Heimat, und schlug sich dann in dieser treuen Anhänglichkeit nieder. Inzwischen ist die Welt ein globales Dorf geworden und die Grenzen und Nationalitäten verwischen sich immer mehr. Außerdem wird überhaupt nicht mehr so viel gefeiert.

Um aber mal von Grund auf anzufangen, mußt Du Dir vorstellen, daß die beiden südlichsten Staaten Brasiliens, Rio Grande do Sul und Santa Catharina, etwa die Flächenausdehnung Gesamtdeutschlands haben, und daß etwa 15 Millionen Menschen auf diesem Raum leben. Davon sind ca. 25 Prozent deutscher Abstammung, und 15 Prozent norditalienischer Herkunft so daß der europäische Anteil mit Holländern, Polen, Ungarn, Franzosen und Schweizern, bei über 50 Prozent liegt und an 80 Prozent herankommt, wenn man Portugiesen und Spanier dazuzählt.

Das bedeutet natürlich eine starke Orientierung auf das Ideengut, aber auch auf materialistische Werte des Abendlandes und wurde u.a. sowohl vom deutschen Außenhandel, als auch von den Nationalsozialisten entsprechend genutzt. Und deshalb hast Du sehr richtig das Ende einer Epoche zu Beginn des Zweiten Weltkrieges ermittelt, da diese Bindung von nationalistischen brasilianischen Bewegungen bekämpft wurde und sich in Deutschenverfolgung und Verunglimpfung während des Krieges niederschlug. Die deutsche, aber auch die italienische Sprache, wurden verboten und rissen ein kulturelles Loch in die Überlieferung, so daß sich teilweise Großeltern nicht mehr mit ihren Enkeln verständigen konnten.

Der Warenaustausch war von 1939-1949 unterbunden, mit Ausnahme von »Care-Paketen«, die von 1946 bis 1949 in großem Stil von hier gesammelt und verschickt wurden, wobei sich die deutsche Kolonie langsam wieder gruppierte und ihre Selbstachtung wiedergewann.

Vor dem Kriege gab es hier nur deutsche Radios, Fahr- und Motorräder sowie alle Arten von Maschinen, und Elektrizität wurde mit 220 Volt und 50 Hertz erzeugt, damit die Waren gleich angeschlossen werden konnten, während São Paulo mit 110 Volt und 60 Hertz betrieben wurde, weil dort die Orientierung nach den USA stärker war. Inzwischen haben wir alle auf das amerikanische System umgestellt!

Die Deutschen in Südbrasilien kann man etwa

den verschiedenen Einwandererschüben zuordnen, die auch ihre Empfindungen und Interessen bestimmen.

Die ersten kamen 1821 aus dem Hunsrück und aus Pommern, vertrieben von Hunger und Armut, verlockt von nicht gehaltenen Versprechungen, versetzt in ein feindseliges fremdes Land mit einer übermächtigen Natur, und fehlender sozialer Ordnung. Sie mußten sich zusammenschließen um zu überleben, mußten ihre Schulen und Kirchen bauen, Genossenschaften und Raiffeisenbanken gründen, und alles selber bezahlen. Diese Gruppe ist stolz auf die Leistungen ihrer Väter, spricht noch die alten Dialekte, ist ganz Brasilianer, weiß aber, daß man von der Regierung keine Hilfe erwarten kann. Die Einkapselung ist teilweise so weit gegangen, daß Degenerierungserscheinungen aufgrund von Verwandtenheiraten auftreten.

Die zweite Gruppe, etwa 1870-1914, waren Kaufleute, Militärs und Intellektuelle, die schnell in führende Stellungen im öffentlichen Leben aufrückten und Akzente setzten. Brasilien war erst Kaiserreich mit einer Habsburgerin als Ehefrau, dann Republik mit liberalen Tendenzen, so daß sich diese Immigranten in dem Land der ungeahnten Möglichkeiten südlicher Prägung wohlfühlten und integrierten. Diese Gruppe bekennt sich mehr zu Brasilien, als die erste, hat aber die intellektuelle Freiheit behalten, zu vergleichen und zu kritisieren. Der Großvater meiner Frau kam als junger Mann aus Deutschland, war hier Rechtsanwalt, Zeitungsredakteur, schließlich Abgeordneter und Oberstleutnant der Miliz. Er wurde von offizieller deutscher und brasilianischer Seite ausgezeichnet, starb aber ohne große Mittel. Idealisten wie Blumenau und v. Koseritz sind heute Städte- oder Straßennamen. Andere machten Vermögen und Kinder oder Enkel ließen es wieder zerrinnen. Die Firma Bromberg war bis 1950 einer der größten Importeure in Porto Alegre, und bekam Schiffsladungen voll aus Deutschland, von Maschinen über Zement, Stahlbleche und Düngemittel. Heute ist es ein kleiner Laden.

…

Die dritte Gruppe kam zur Zeit der großen Depression 1923-1930, und dann noch die deutschen Juden von 33 bis 39. Es waren Ingenieure, Ärzte, Fachhandwerker, Bankiers, Schriftsteller, aber auch ehemalige Gutsbesitzer, Lehrer oder Chemiker. Die Leute mit Fachwissen kamen schnell vorwärts, die anderen hatten Geld, um sich einzugewöhnen. Es war ihnen in Europa schlecht gegangen, und sie dankten Brasilien die Aufnahme durch loyales Verhalten und Integration.

Die vierte Gruppe, von Ende des Zweiten Weltkrieges bis heute, ist verhältnismäßig klein und unbeständig. Brasilien ist ein Arbeitsmarkt wie jeder andere, man kontraktiert Professionelle jeder Art auf ein, zwei oder drei Jahre, der Entsprechende lebt sich ein, oder nicht, er heiratet hier, oder seine deutsche Frau zieht es zurück zu den Verwandten, die Kinder sollen deutsches Abitur machen, oder werden in dem südlichen Klima gesünder, der Mann verdient besser hier oder drüben. Es gibt tausend Gründe zu bleiben oder zu gehen. Diese Gruppe wäre der eigentliche Stamm für einen deutschen Klub, aber aufgrund der beruflichen Inanspruchnahme und der Unbeständigkeit des Lebens, auch der Wohngegend, spielen sie Tennis im englischen Club, oder Golf im Country Club, oder segeln im Yachtclub. Es gibt natürlich den »Germania«-Club, oder den Turnerbund, oder Gesangvereine, oder den »Club des 25. Juli«, den Tag der deutschen Einwanderung. Es gibt auch ein Goethe-Institut, und das Generalkonsulat oder die Deutsch-Brasilianische Industrie- und Handelskammer, zu deren Vorstand ich gehöre, gibt manchmal ein Essen oder Empfänge. Dabei sind aber immer auch viele sympathisierende Brasilianer zugegen, und aus Höflichkeit gegenüber dem Gastland wird portugiesisch gesprochen, bzw. simultan übersetzt.

Das heißt, die Deutschen und Deutschstämmigen pflegen Kultur und Sprache aus denselben Gründen, aus denen viele Brasilianer sie erlernen: man hat berufliche Vorteile, man kann sich auf Reisen verständigen, man erweitert den Horizont, man hat Zugang zur Literatur. Man lernt also englisch, französisch, spanisch oder deutsch nicht aus nationalistischem Denken, sondern aus globalen Gesichtspunkten. Und

Abb.: 145

Abb.: 146

das ist gut so! Die brasilianische Staatsbürgerschaft steht übrigens im Moment sehr tief im Kurs, da das Land aufgrund der anhaltenden Wirtschaftskrise in einem psychologischen Down ist, und das Wort Patriotismus klein geschrieben wird.

São Paulo ist die größte deutsche Industriestadt, sowohl was die Investitionen, als auch die Beschäftigtenzahl angeht, denn Du kannst Dir nicht vorstellen, was es heißt, wenn VW, Mercedes, Bosch, Siemens, Bayer, Hoechst und viele mehr in **einem** Raum angesiedelt sind. **Deutschland ist, nach den USA, Brasiliens zweitgrößter Handelspartner,** und ich schicke

Dir per Schiffspost einmal zwei Veröffentlichungen der Handelskammer, die einige Statistiken bringen. Außerdem siehst Du daran gut die Doppelsprachigkeit, und kannst eventuell dadurch noch portugiesisch lernen. Inzwischen ist es wieder eine Ehre, als Deutscher angesprochen zu werden. Wir sprechen ungeniert auf der Straße oder im Supermarkt gerade das, was uns über die Zunge kommt, und die deutsche Technik, Wissenschaft und Kultur genießen hohes Ansehen, wenn auch auf manchen deutschen Maschinen heimlich ein »Made in Italy« zu sehen ist.«

145 Die erste Generation deutscher Einwanderer in Brasilien

146 Kolonistenwohnhaus in Südbrasilien um die Jahrhundertwende

147 São Paulo, Opernhaus um die Jahrhundertwende

Abb.: 147

Abb.: 149

Abb.: 148

Kühltonnage

Zwischen 1955 und 1956 stellte die HAM-BURG SÜD eine Serie von acht 17 Kn schnel-len Frachtern der neuen Cap-Klasse von 8.000 bis 10.000 tdw in Dienst. Sie besaßen neben 450.000 cubicfoot (cbf) Laderaum für Stückgut auf Anregung von Dr. Kersten auch erstmals 120.000 cbf Ladekühlraum für Früchte, Fleisch und sonstiges Kühlgut. Sie trugen wieder die traditionellen Namen »Cap Blanco« (2), »Cap Frio« (2), »Cap Norte« (2), »Cap Vilano« (2), »Cap Roca« (2), »Cap Verde« (2), »Cap Ortegal« (2) und »Cap Finisterre« (2).

148 MS »Cap Blanco« (2), Bj. 1955, 8.200 tdw, 17 Kn, Pass. 12, Bes. 45

149 Kühlschiff MS »Polar Ecuador«, 1967-1976, 8.000 tdw, 23 kn, Bes. 29.

150 MS »Cap San Diego«, Bj. 1961/62, Deut-sche Werft AG, Hamburg, 9.850 BRT, 10.670 tdw, 11.650 PS, 20 Kn, Pass. 12, Bes. 50, Modell: Maßstab 1:100

In den Folgejahren kam es zur Abdeckung des wachsenden Bedarfes an Kühlgut zu einem syste-matischen **Ausbau der Kühlschiff-Kapazitäten**. So wurden 1958/60 bei den Kieler Howaldtswer-ken die ersten drei 18 Kn schnellen Vollkühl-

Abb.: 150

schiffe »Cap Domingo«, »Cap Corrientes« und »Cap Valiente« von 3200/4400 tdw gebaut mit Kühlkapazitäten von 230.000 cbf. Sie blieben zehn Jahre im Einsatz. Als nächste Neubauten folgten 1964 die bei Blohm & Voss gebaute »Polarlicht« von 6.500 tdw und ihr bei der Deutschen Werft AG gebautes Schwesterschiff »Polarstern« von 6.600 tdw, beide 22 Kn schnell. Sie fuhren ebenfalls zehn Jahre lang für HAMBURG SÜD. Die Krönung dieser Kühltonnage bildeten indes die 1967/69 fertiggestellten sechs eleganten, 23 Kn laufenden Motorschiffe der **Polar-Länder-Klasse,** die über Kühlräume mit einem Volumen von 420.000 cbf verfügten.

Die »Cap-San«-Schiffe: Höhepunkt und Abschluß der konventionellen Frachtfahrt

Die konzeptionelle und schiffbauliche Krönung der konventionellen Linien-Frachtfahrt der HAMBURG SÜD, ja der deutschen Linienschiffahrt überhaupt, bevor sie 1980/83 von den Containerschiffen abgelöst wurde, war zweifellos die Indienststellung der **sechs Schiffe der »Cap-San«-Klasse**, die in den Jahren 1961/62 von den drei Werken der heutigen HDW, den Howaldtswerken Hamburg, der Deutschen Werft AG, Hamburg, und den Kieler Howaldtswerken gebaut wurden. Diese Schiffe wurden wegen ihrer bildschönen äußeren Silhouette die »weißen Schwäne des Südatlantik« genannt. Die sich darin manifestierende schiffbauliche und architektonische Leistung können wir noch heute hier vor Ort auf ihrem letzten Schiff, auf dem diese Ausstellung stattfindet, bewundern.

Die Schiffe der Cap-San-Klasse verfügten neben einem umfangreichen Laderaum für Stückgut von 290.000 cbf über 250.000 cbf Kühlkapazitäten für Früchte, Kühl- und Tiefkühlfleisch von +15° bis −20° Celsius. Ihr Anteil an Kühlraumkapazität überstieg somit denjenigen der ersten 1958 von der HAMBURG SÜD gebauten Vollkühlschiffe.

1977 schrieb der Biograph der »Cap Arcona«(2), Joachim Wölfer:

»Die »Cap San Nicolas«, »Cap San Marco«, »Cap San Lorenzo«, Cap San Augustin«, »Cap San Antonio« und »Cap San Diego« werden auch heute noch – eineinhalb Jahrzehnte nach ihrer Indienststellung – als moderne, äußerst leistungsfähige Schiffe geschätzt. Was die »Cap Polonio« und die »Cap Arcona«(2) in den Jahren 1922-1939 für den Passagierverkehr zwischen Europa und Südamerika waren, das sind heute die Cap-San-Schiffe auf dem Frachtsektor«.

Mit ihrer Außerdienststellung in den Jahren 1980-1983 endete eine großartige Epoche von etwa 110 Jahren der konventionellen transatlantischen Linienschiffahrt.

151 Biographische Daten der »Cap San Diego« als letzte noch lebende Zeitzeugin dieses Höhepunktes konventioneller Linienschiffahrt:

15.12.1961 Stapellauf

27.03.1962 Ablieferung, Fahrtgebiet Hamburg-Südamerika Ostküste

10.12.1981 veräußert

31.10.1986 durch Ankauf durch den Hamburger Senat als Museumsschiff vor dem Abwracken bewahrt

21.12.1988 an die Stiftung Hamburger Admiralität, Hamburg, abgetreten

20.06.1995 Das noch immer fahrtüchtige Schiff durchfährt anläßlich des 100. Jahrestages der Eröffnung den Nord-Ostsee-Kanal als Gästefahrt

1999 Eine Good-will-Reise nach Südamerika ist geplant

152 Die Jungfernreise »Cap San Diego« im April 1962 ging über New York

153 MS »Cap San Augustin« aufkommend am 13. Februar 1983, 12.30 Uhr, vor Blankenese. Zum letzten Mal in Hamburg einlaufend.

154 Luftaufnahme der »Cap San Marco«, veranschaulicht sehr gut die Anlage des Oberdecks

Abb.: 152

155 Schiffsführung und Mannschaft der »Cap San Diego«.

156 MS »Cap San Diego« ist höher als ein fünfstöckiges Haus und so lang wie eine Straße

157 Das Schiff als Ganzes: im Längsschnitt (oben) und in der Decksaufsicht (unten)

158 Schiff von Achtern und Schiffsschraube

159 Die Besatzung des Schiffes bestand aus 46 Personen

160 Vom Peildeck zum Doppelboden, Längsschnitt durch das Mittelschiff

161 Radargerät und Echolot gehören in der modernen Seeschiffahrt zu den unverzichtbaren Hilfsmitteln der Navigation

162 Querschnitt durch die Maschinenanlage der »Cap San Diego«

163 Im Maschinenraum

164 Im Achterschiff

165 Das Vorschiff, in dem sich die Ausstellung befinden, in seiner ursprünglichen Funktion

166 Das Schiff lädt mit eigenem Geschirr

167 Das Reich des Fahrgastes

168 So wird für den Gast gesorgt

Abb.: 153

Abb.: 154

40 Jahre Columbus Line (1957-1997)

Während der Schwerpunkt des Reedereigeschäftes der HAMBURG SÜD seit ihrer Gründung 1871 bis in die Mitte der fünfziger Jahre eindeutig im Verkehr ihrer Stammroute von Europa zur Südamerika-Ostküste gelegen hat, begann sie doch schon seit der Jahrhundertwende sich immer stärker auch im sogenannten »**Crosstrade**«, d.h. in **Verkehren zwischen fremden Häfen**, zu engagieren. So betrieb sie **ab 1907** in Gemeinschaft mit der Hamburg Amerika Linie einen **Liniendienst zwischen New York und Brasilien**, den sie nach dem Ausscheiden der HAPAG 1912 dann allein bis zum Ausbruch des Krieges 1914 fortsetzte. Auch ihr 1901 eröffneter **Patagonien-Dienst** und ihr ab 1913 betriebener **Fährverkehr zwischen Buenos Aires und Montevideo** waren Crosstrades, die sich auch zum Vorteil der von ihnen bedienten Länder erwiesen.

90 Jahre Inter-America-Service (1907-1997)

Die einschlägigen Erfahrungen, die die HAMBURG SÜD in diesen Regionen als Spezial-Carrier, insbesondere bei der Entwicklung des **Kühlgeschäftes** mitbrachte, gaben mit den Anstoß zur Reaktivierung ihres 1914 eingestellten Dienstes zwischen den Ostküsten der USA und Südamerikas unter der neuen Firmierung **Columbus Line,** als der künftigen Trägerin ihrer amerikanischen Crosstrades im Jahre **1957.** Die Gelegenheit hierzu bot sich durch die Liquidierung einer durch den Dupont-Konzern mit Charterschiffen nordge-

hend von Brasilien operierenden Linie, deren dadurch arbeitslose amerikanische Mitarbeiter von der HAMBURG SÜD übernommen wurden. Der Name **Columbus** wurde von der alten Telegrammanschrift der HAMBURG SÜD entlehnt, mit Rücksicht auf den neuen internationalen Tätigkeitsbereich.

Der neue mit moderner Linientonnage betriebene Dienst währte indes nur zehn Jahre, als zwischen der US-amerikanischen und der brasilianischen Regierung ein sogenanntes bilaterales »**Equal Access-Agreement**« ausgehandelt wurde, das den beiden nationalen Linien den Löwenanteil der zu befördernden Ladung aufgrund dieses flaggendiskriminierenden Abkommens sicherte, so daß damit der Columbus Line die wirtschaftliche Basis entzogen wurde und sie ihren Dienst 1967 einstellen mußte. Erst 1987 hatten sich die Verhältnisse wieder so weit normalisiert, daß eine Wiederaufnahme des Dienstes erfolgen konnte.

Abb.: 155

So lang wie eine Straße

Schiff und Häuser sind genau im gleichen Größenverhältnis dargestellt. Erst wenn man sich ein Schiff auf ebenem Kiel vor einer Großstadtstraße vorstellt wie hier im Bilde, wird einem klar, welche Mengen Ladung ein Schiff auf einer einzigen Reise über See befördern kann.

Die wichtigsten technischen Daten

	Volldecker	Schutzdecker		Volldecker	Schutzdecker
Länge über alles	159,4 m		Tragfähigkeit	ca. 10 100 t	ca. 7 900 t
Länge zwischen den Loten	144,4 m		Vermessung in BRT*	ca. 9 990	ca. 7 600
Größte Breite auf Spanten	21,4 m		— NRT*	ca. 5 700	ca. 4 100
Seitenhöhe bis Hauptdeck	11,27 m		Laderauminhalt gesamt	ca. 540 000 cbf. Stückgut	
Von Kiel bis Peildeckreling rund	26,5 m		Hauptantriebsmaschine	11 650 PSe	
Freibord-Tiefgang	8,43 m	7,52 m	Geschwindigkeit	20 Knoten	

* Die Vermessung in Registertonnen (1 RT = 2,83 cbm) erfolgt zur Berechnung der Hafenabgaben. Der Brutto-Raumgehalt (BRT) bezeichnet den gesamten umbauten Schiffsraum, der Netto-Raumgehalt (NRT) nur den für Ladung und Fahrgäste nutzbaren Raum.

Höher als ein fünfstöckiges Haus (Foto-Montage)

Auch dieser Größenvergleich macht das riesige Fassungsvermögen eines großen Schiffes, wie hier die „Cap San Nicolas". besser anschaulich als Zahlen und Worte. Dabei überragt das Mittelschiff – wie auf dem oberen Vergleichsbild zu erkennen ist – das Vorschiff noch bedeutend an Höhe.

80

Mit der Containerfahrt beginnt ein neues Zeitalter in der Seeschiffahrt

In den dazwischenliegenden 20 Jahren hatte sich in der internationalen Linienschiffahrt, also in der regelmäßig nach Fahrplan durchgeführten Stückgutfahrt durch die Einführung des **Seecontainers** eine **Transportrevolution** ereignet, die sich in ihrer Bedeutung nur mit der Umstellung der jahrtausendealten Segelschiffahrt auf die Dampfschiffahrt ab 1850 vergleichen läßt.

Dieses epochale Ereignis begann vor nunmehr 40 Jahren, als der US-amerikanische Trucker **Malcolm McLean** am **26. April 1956** aus Verärgerung über die unterschiedlichen Straßenbenutzungsvorschriften in den US-Staaten 58 Lastwagen **Trailer** (das sind auf Chassis geladene Container) kurzerhand auf einen umgebauten T2-Tanker im Hafen von Newark, N.J., nach Houston verlud. 10 Jahre später wagte derselbe McLean mit einem ebenfalls umgebauten Tanker »Fairland« als Chef der inzwischen bedeutenden Reederei **Sea-Land** den Sprung über den Atlantik und landete im **Mai 1966** die ersten 35 Fuß-Container von New York in **Bremerhaven.** Das war der **Startschuß für den trans-ozeanischen Haus-Haus Containerverkehr.** Zwei Jahre später, im **Oktober 1968,** begannen HAPAG und Lloyd mit den ersten vier **Zellen-Containerschiffen,** – das sind speziell für den Containertransport gebaute Schiffe, in denen 20 Fuß- und 40 Fuß-Container in den Luken in Schächten mit den entsprechenden Abmessungen gestaut werden, – den ersten **Vollcontainer-Dienst** von Hamburg und Bremerhaven zur Ostküste Nordamerikas.

Der Umschlag dieser riesigen Behälter erfolgt auf eigens hierfür gebauten **Container-Terminals** in den Seehäfen mittels großer **Container-** brücken und **Portalstapler,** die wie große Monster in atemberaubendem Tempo über die riesigen Kaiflächen flitzen, um ihre Behälter von den mittels EDV vorgestauten Plätzen zur Beladung ins Schiff abzuholen bzw. nach Entlöschung aus einkommenden Schiffen zu deponieren. Dort werden die Container nach Anlieferung durch Container-Trucks bis zu drei Lagen hoch bis zur Seeverladung gestapelt bzw. nach Entlöschung aus dem Schiff vor ihrem Weitertransport per Bahn oder LKW ins Binnenland zwischengelagert.

Seit Einführung der Dampfer-Liniendienste vor nunmehr knapp 150 Jahren hatte sich am mühsamen und zeitaufwendigen Ladungsumschlag in den Seehäfen von abertausenden von Einzelkolli, wie Säcken, Ballen, Kisten und Fässern sowie Schwerkolli bis auf die **Palettisierung** in den sechziger Jahren dieses Jahrhunderts kaum etwas geändert. Sie wurden partienweise im Schiff gestaut und waren häufiger **Beschädigungen** durch das Handling sowie **Beraubung und Diebstahl** preisgegeben. Durch die starken **Gewerkschaften** in den US- und australischen Häfen waren die Lade- und Löschkosten für den Reeder und damit natürlich auch für den Kunden in exorbitanter Weise gestiegen. Erst die Einführung des **Seecontainers** brachte die entscheidende Wende sowohl hinsichtlich einer drastischen Kostensenkung, als auch in der Beschleunigung des gesamten Lade-und Löschvorganges sowie des Transitverkehrs.

Durch die **Containerisierung,** d.h. die Stauung des Stückgutes in diese Seecontainer, wurden nicht nur die für den Reeder teuren Liegezeiten in den Seehäfen auf wenige Stunden statt bisher mehrere Tage verkürzt und damit eine **drastische Reduzierung der Rundreisedauer der Schiffe** erreicht, sondern erstmals auch ein durchgehender **trans-ozeanischer Haus-Haus-Verkehr** in Regie von nur **einem** Transportun-

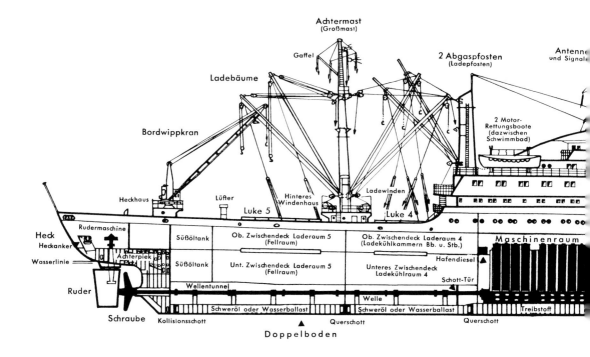

Achtermast
(Großmast)

Gaffel

Ladebäume

2 Abgaspfosten
(Ladepfosten)

Antenne
und Signal...

Bordwippkran

2 Motor-
Rettungsboote
(dazwischen
Schwimmbad)

Heckhaus

Lüfter

Hinteres
Windenhaus

Ladewinden

Luke 5

Luke 4

Heck
Heckanker

Rudermaschine

Achterpiek

Süßöltank

Ob. Zwischendeck Laderaum 5
(Fellraum)

Ob. Zwischendeck Laderaum 4
(Ladekühlkammern Bb. u. Stb.)

Maschinenraum

Wasserlinie

Süßöltank

Unt. Zwischendeck Laderaum 5
(Fellraum)

Unteres Zwischendeck
Ladekühlraum 4

Hafendiesel

Schott-Tür

Ruder

Wellentunnel

Welle

Schraube

Schweröl oder Wasserballast

Schweröl oder Wasserballast

Treibstoff

Kollisionsschott

Querschott

Querschott

Doppelboden

Das Schiff als Ganzes: im Längsschnitt (oben) . . .

Wer ein Schiff genau kennenlernen will, muß sich vorher in seinen „Generalplan" vertiefen; das ist ein Übersichtsplan für alle Decks, den die Bauwerft neben ungezählten Einzelplänen gewissermaßen als Hauptplan für den Bau benutzt. Die beiden Zeichnungen auf dieser Seite sind aus dem Generalplan der „Cap San"-Schiffe entwickelt, der leichteren Übersicht wegen aber sehr vereinfacht

worden. Ein Längsschnitt und eine Deckaufsicht genügen hier, um die Einteilung des Schiffes in seiner ganzen Länge zu zeigen, besonders auch die verschiedenen Decks; von oben nach unten: Peildeck, Kommandobrücke, Bootsdeck, Brückendeck, Backdeck, Hauptdeck (I. Deck), II. Deck, III. Deck. Sieben Querschotte — eiserne Querwände, die bis zum obersten durchlaufenden Deck gehen —

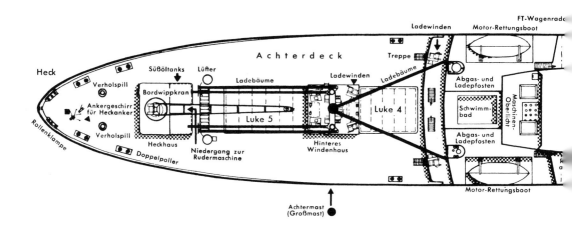

FT-Wagenrad...

Ladewinden

Motor-Rettungsboot

Achterdeck

Treppe

Heck

Süßöltanks

Lüfter

Ladebäume

Ladewinden

Ladebäume

Abgas- und
Ladepfosten

Verholspill

Bordwippkran

Schwimm-
bad

Maschinen-
Oberlicht

Ankergeschirr
für Heckanker

Luke 5

Luke 4

Verholspill

Abgas- und
Ladepfosten

Rollenklampe

Heckhaus

Niedergang zur
Rudermaschine

Hinteres
Windenhaus

Doppelpoller

Motor-Rettungsboot

Achtermast
(Großmast)

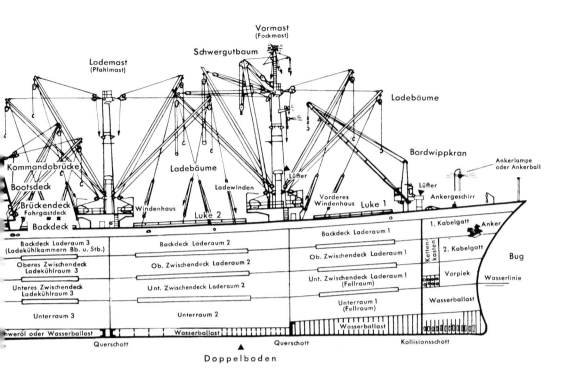

Vormast
(Fockmast)

Schwergutbaum

Lademast
(Pfahlmast)

Ladebäume

Ladebäume

Bordwippkran

Ankerlampe
oder Ankerball

Kommandobrücke

Lüfter

Lüfter

Bootsdeck

Ladebäume

Ladewinden

Vorderes
Windenhaus

Ankergeschirr

Brückendeck
Fahrgastdeck

Windenhaus

Luke 2

Luke 1

1. Kabelgatt

Anker

Backdeck

			Bug
Backdeck Laderaum 3 (Ladekühlkammern Bb. u. Stb.)	Backdeck Laderaum 2	Backdeck Laderaum 1	2. Kabelgatt
Oberes Zwischendeck Ladekühlraum 3	Ob. Zwischendeck Laderaum 2	Ob. Zwischendeck Laderaum 1	
Unteres Zwischendeck Ladekühlraum 3	Unt. Zwischendeck Laderaum 2	Unt. Zwischendeck Laderaum 1 (Fellraum)	Vorpiek
Unterraum 3	Unterraum 2	Unterraum 1 (Fellraum)	Wasserballast

Kettenkasten

Wasserlinie

Schweröl oder Wasserballast

Wasserballast

Wasserballast

Querschott

Querschott

Kollisionsschott

Doppelboden

... und in der Decksaufsicht (unten)

teilen das Schiff in wasserdicht abschließbare Räume, die es schwimmfähig halten sollen, wenn einer oder sogar zwei von ihnen durch einen Wassereinbruch vollaufen. Wir sehen die Luken, die in die Laderäume 1 bis 5 führen, den Maschinenraum, den Rudermaschinenraum, die Masten, Ladebäume, Bordwippkräne, das Ankergeschirr an Bug und Heck und viele andere Einzelheiten, die wir auf den folgenden Seiten genau kennenlernen werden. Ein Schiff ist ein Bauwerk von höchster Zweckmäßigkeit. Jeder Raum ist sinnvoll ausgenutzt; auch die Zellen des Doppelbodens, die das Schiff bei Verletzung des Schiffsbodens vor einem Wassereinbruch schützen sollen, sind nutzbar gemacht: in ihnen führt das Schiff Treibstoff, Frischwasser und Ballastwasser mit.

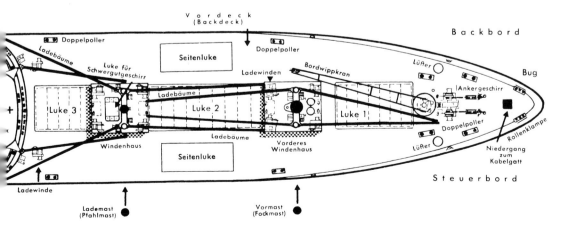

Vordeck
(Backdeck)

Backbord

Doppelpoller

Doppelpoller

Seitenluke

Bug

Ladebäume

Luke für
Schwergutgeschirr

Ladewinden

Bordwippkran

Lüfter

Ankergeschirr

Luke 3

Ladebäume

Luke 2

Luke 1

Doppelpoller

Windenhaus

Ladebäume

Vorderes
Windenhaus

Lüfter

Rollenklampe

Seitenluke

Niedergang
zum
Kabelgatt

Ladewinde

Steuerbord

Lademast
(Pfahlmast)

Vormast
(Fockmast)

Das Vorschiff

der „Cap San"-Schiffe ist besonders lang; das Backdeck schließt die Luken 1-3 mit ein.
In den spitz zulaufenden oberen Decks des Vorschiffes
– dem „Kabelgatt" – ist das Reich des Bootsmannes. Hier
sind seine Vorräte an Ketten, allen Arten von Tauwerk,
Persenningen (Segeltuch), Farben usw. untergebracht,
und hier ist auch seine Werkstatt. Der untere Teil des
Vorschiffs bis zum Kollisionsschott heißt „Vorpiek".
Das Ankergeschirr auf dem vorderen Backdeck besteht aus dem Ankerspill (Ankerwinde), mit dem die
Anker eingehievt werden, und den Kettenstoppern,
die die Ankerketten festhalten und das Ankerspill ent-
lasten. Die beiden Ankerketten laufen durch die
Klüsen über Kettenstopper und Ankerspill in den
längsgeteilten Kettenkasten, der in unserer Zeichnung gut zu erkennen ist.
Über die Spillköpfe des Ankerspills werden die Fest-
macherleinen eingehievt und das Schiff an den Kai
geholt. Zum Festmachen ist das vordere Backdeck
(ebenso wie das Achterdeck) mit Leitrollen und Pol-
lern ausgestattet, über die die Leinen gelegt werden.

Früher wurde die Back oder der Raum darunter für
die Unterbringung der Mannschaft ausgenutzt. Aber
wegen der Kollisionsgefahr im Vorschiff und da bei
schlechtem Wetter der Weg über Deck zum Achterschiff weniger gefährlich ist, legt man heute die Wohn-
räume der Mannschaft ins Achterschiff oder — wie bei
unseren sechs Schiffen — ins Mittelschiff.

Längsschnitt durch das Vorschiff (rechts)

1 Flaggenstock – 2 Ausguckmann am Rücksprech-Lautsprecher des
Wechselsprechgeräts – 3 Rollenklampen zur Führung der Fest-
macherleinen – 4 Niedergang zum Kabelgatt – 5 Davit für das
Kabelgatt – 6 Schiffsglocke, wird bei Nebel geläutet und gibt
Signale beim Einhieven des Ankers – 7 Lampenmast für die Ankerlampe – 8 Elektrischer Ventilator (Zu- und Abl üfter) für Laderaum 1.
Von unten nach oben vergrößert sich mit jedem Deck der Querschnitt des Lüfterrohrs – 9 Doppelpoller zum Belegen der Fest-
macherleinen – 10 „König", Umlenkrolle zur Führung der Fest-
macherleinen – 11 Bordwippkran, Tragfähigkeit 3 t, größte Ausladung 16 m, Hubhöhe 25 m – a Kranf ührer – b Hubwerk – c Ausleger – d Kranseil – e Rolle – f Kranhaken – g Scheinwerfer –
12 Feste Säule des Bordkrans – 13 Kettenkasten; Steuerbord- und
Backbordkette sind durch ein Längsschott voneinander getrennt –
14 Schlicktank für Tropfwasser von der Ankerkette – 15 Ankerwinde (Ankerspill) – 16 Kettenstopper zum Festhalten der Ankerkette – 17 Ankerklüse mit Anker – 18 Erstes Kabelgatt, enthält
Bootsmannsvorräte wie Ketten, Schlingen, Tauwerk, Drähte,
Blöcke, Fender, Brooken (Ladenetze) – h Niedergang – 19 Zweites
Kabelgatt, enthält Bootsmannsvorräte wie Abdeckkleider, Persenninge, Sonnensegel, Manilaleinen, Herkulesleinen (eine Leine
aus ineinandergedrehtem Draht und Tauwerk zum Festmachen des
Schiffes), Rettungsringe, Ankerbojen – i Leiter – 20-22 Vorpiek mit
Wasserballast – 23 Doppelbodentank 1: Wasserballast – 24 Wulst-
bug des Schiffes – 25 Vorderes Kollisionsschott (verstärkte wasser-
dichte Eisenwand als Schutz bei Zusammenstößen), reicht bis zum
Hauptdeck = 1. durchgehendes Deck – 26 Luke 1 – 27 Backdeck
Laderaum 1 (Ladung: Baumwolle) – 28 Oberes Zwischendeck
(Honig in Fässern, Fleischkonserven) – 29 Unteres Zwischendeck
(Fellraum: gebündelte Häute) – 30 Unterraum 1 (Fellraum: gebün-
delte Häute) – j Deckss tützen, wie alle anderen Eisenteile in den
Fellräumen mit Holz umkleidet.

◄ *Durch eine kleine Luke im Vorschiff*

*gelangt man in das Kabelgatt, wo der Bootsmann seine
Vorräte säuberlich gestapelt hat: Drahtleinen zum Festmachen des Schiffes, Drähte und Ketten, Haken und Blöcke
für das Ladegeschirr, Rettungsringe, Ankerbojen, Abdeckkleider, Persenninge usw. Das Ladegeschirr muß gut
konserviert werden und jederzeit gebrauchsfähig sein.*

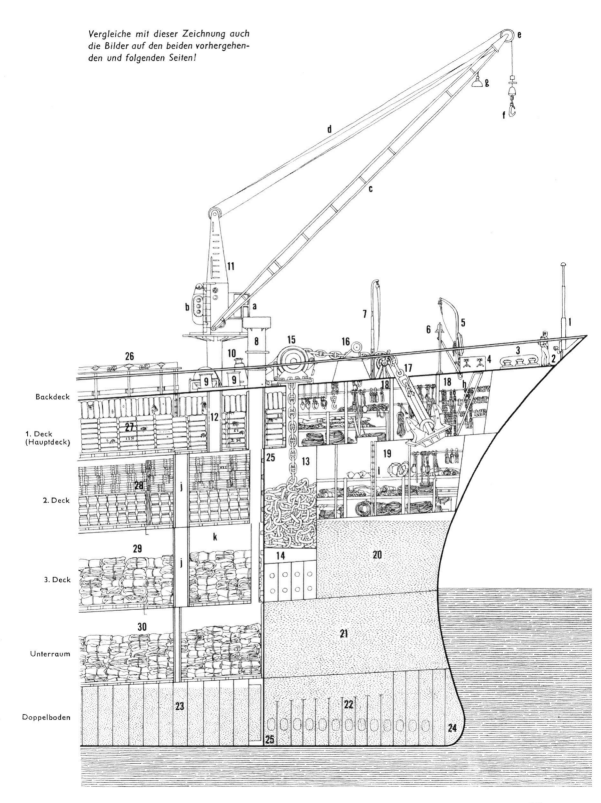

Vergleiche mit dieser Zeichnung auch die Bilder auf den beiden vorhergehenden und folgenden Seiten!

Backdeck

1. Deck
(Hauptdeck)

2. Deck

3. Deck

Unterraum

Doppelboden

85

Abb.: 169

ternehmen für den Seeverlader ermöglicht, was eine enorme Rationalisierung des gesamten Transportablaufes zur Folge hatte; doch davon an anderer Stelle mehr.

Nach diesem einführenden Exkurs in die Containerfahrt kehren wir wieder zurück zur Columbus Line des Jahres 1987 im **Inter-America Service:**
Im **Juni 1987** begann man mit von der Muttergesellschaft eingecharterten kleineren **Vollcontainerschiffen** von 900 bis 1.200 TEU Trag-

fähigkeit mit der Wiederaufnahme des Dienstes. (**TEU** = **T**wenty **F**oot **E**quivalent **U**nit, das ist die Standard-Containergröße, mit der die Tragfähigkeit eines Containerschiffes angegeben wird. Ein 40 Fuß-Container nimmt somit den Raum von zwei TEU auf dem Schiff ein). Es waren die »Columbus Ohio« und »Columbus Olinda«, die ab 1990 um die »Columbus Olivos« (ex »Monte Pascoal« (2)) sowie die »Monte Cervantes« (2) mit je 1.200 TEU verstärkt wurden und einen 15 tägigen Dienst von New York, Philadelphia, Baltimore, Norfolk und Jacksonvil-

Abb.: 170

le nach Buenos Aires, Montevideo, Rio Grande, Itajaí, Paranagua, Santos, Rio de Janeiro, Salvador und Fortaleza boten.

Im **Juli 1991** trat die brasilianische Reederei **Aliança** als Gemeinschaftsdienst-Partner mit zwei eigenen Schiffen von je 1.000 TEU hinzu, was eine Frequenzverdichtung auf neun Tage ermöglichte.

Ladung: Südgehend werden Stückgüter aller Art sowie Transitgut aus dem Fernen Osten gefahren. **Nordgehend** kommt Tabak und schwarzer Tee, Fleisch und Fisch gekühlt und in Dosen, Fruchtsäfte, Werkzeuge, Nähmaschinen und andere Haushaltsmaschinen wie Kühlschränke, aber auch Lederschuhe und Damenoberbekleidung sowie Möbel zur Verschiffung.

Liniendienst Nordamerika Westküste / Südamerika Westküste (Columbus Line)

Hier besteht ein **Gemeinschaftsdienst** mit der **Flota Mercante Gran Colombiana**, **(FMG)**, Bogotá und der **Compania Sud Americana de Vapores**, **(CSAV)**, Chile. Anlaufhäfen: Lirquen, Callao, Buenaventura, Los Angeles, San Francisco, Vancouver, Seattle, Iquique, San Antonio. Drei Containerschiffe mit je 750 TEU bieten einen siebzehntägigen Dienst.

169 CMS »Columbus Canada« vor der Wolkenkratzer-Silhouette des Hafens von San Francisco, einem der schönsten Plätze der Welt

170 CMS »Columbus Queensland« zur Überholung im Schwimmdock

171 CMS »Columbus Canada« passiert die San Francisco – Oakland Bay Bridge

Abb.: 171

Abb.: 175

Liniendienst Nordamerika Westküste / Australien / Neuseeland (Columbus Line)

1961 begann die **Columbus Line** mit den beiden **Kühlschiffen** »Cap Domingo« und »Cap Corrientes« mit 207.000/235.000 cbf einen regelmäßigen Dienst zwischen der Westküste der USA/Kanada und Australien/Neuseeland. **Heute** bietet sie gemeinsam mit der **Blue Star Lines** einen **Vollcontainerdienst** auf Basis eines sogenannten **Slot-Charter-Agreements** (in dem auf den Schiffen des Partners Containerstellplätze nach Bedarf angemietet werden). Anlaufhäfen: Sydney, Melbourne, Auckland, Wellington, Suva, Honolulu, Seattle, Oakland, Los Angeles.

Sieben Containerschiffe mit 1.200/1.400 TEU bieten eine wöchentliche Abfahrt

Liniendienst Nordamerika Ostküste / Australien / Neuseeland (Columbus Line)

1963 eröffnete die Columbus Line in konsequenter Weiterentwicklung ihres Crosstrade Liniennetzes in den von ihr betriebenen Nord-Süd-Verkehren einen regelmäßigen Liniendienst auch von der **Ostküste der USA** durch den **Panama-Kanal** nach **Australien/Neuseeland.** Acht Jahre später, ab **1971**, werden auf dieser Route die ersten drei von der HAMBURG SÜD georderten **Vollcontainerschiffe**, die »**Columbus New Zealand**«, »**Columbus America**« und die »**Columbus Australia**« mit Containerkapazitäten von je 1.250 TEU, davon 600-750 Kühlcontainer eingesetzt. Es waren Turbinenschiffe mit 22.000 tons Deadweight (tdw). Die durch die zwei Ölkrisen stark gestie-

Abb.: 172

genen Bunkerpreise machten 1987 eine Umstellung auf Dieselantrieb notwendig. Ursprünglich waren diese Schiffe mit **bordeigenen Gantry-Kränen** ausgerüstet, um die Container in den Häfen Australiens und Neuseelands aufgrund der anfänglich fehlenden Hafenfazilitäten mit eigenem Geschirr laden und löschen zu können. Sie erhielten zudem abweichend von den Schiffen der HAMBURG SÜD ihren charakteristischen auffallend **roten Rumpfanstrich**.

172 CMS »Columbus America« passiert den Panama Kanal
173 CMS »Columbus America«. Der formschöne Wulststeven aus der Perspektive des Dockarbeiters

Heute wird dieser Dienst in **Slot-Charter-Gemeinschaft** mit der **Blue Star Lines** durchgeführt. Anlaufhäfen: Melbourne, Sydney, Auckland, Brisbane, Port Chalmers, Wellington, Philadelphia, Norfolk, Jacksonville, Houston, Kingston. Acht Containerschiffe mit 1.200/1.300 TEU bieten neuntägige Abfahrten.
In den Diensten zwischen den USA und Australien/Neuseeland spielt der Anteil an **Kühlladung** eine überragende Rolle.

174 Tabelle: Columbus Line. The Fleet 1957-1987
175 CMS »Columbus America«, Bj. 1971/86, 22.000 tdw, 600 Kühl- und 650 Standardcontainer, Pass. 12 I. Kl., 22 Kn, fährt in den beiden USA-Verkehren (Ost und West) nach Australien/Neuseeland in ihrem für die Columbus Line charakteristischen Farbanstrich

Liniendienst Nordeuropa / Australien / Neuseeland und Südpazifik
(HAMBURG SÜD)

Diese Region bedient die HAMBURG SÜD mit einer Slotchartervereinbarung mit Schiffen von P & O und CGM.

Vollcontainerdienst auch im Verkehr Europa / Südamerika Ostküste
(HAMBURG SÜD)

Der Siegeszug des Containers erreicht **1980** auch das Kernfahrtgebiet der HAMBURG SÜD, die Ostküste Südamerikas. Noch im gleichen Jahr eröffnet die HAMBURG SÜD mit den Schiffen »Monte Olivia«(2) und »Monte Sarmiento«(2) mit einer Kapazität von je 530 TEU und 15.500 tdw einen Vollcontainerdienst zur Ostküste. Diese Schiffe liefen 18,75 Kn und waren mit eigenen Bordkränen ausgerüstet, so daß sie unabhängig von den Hafenfazilitäten in Übersee ihre Container jederzeit löschen und wieder laden konnten. Von 1981-1986 wurden in der Südamerika-Ostküstenfahrt drei weitere Vollcontainerschiffe für die HAMBURG SÜD in Fahrt gebracht. Es handelte sich um die 23.500 tdw Schiffe »Monte Rosa«(2), »Monte Cervantes«(2) und »Monte Pascoal«(2) von je 1.200 TEU und 18/19 Kn Geschwindigkeit. Auch sie verfügten über eigene Bordkräne.
Im **Juni 1982** entschloß man sich innerhalb der **Konferenz** (= kartellähnliche Tarifgemeinschaft) wie in benachbarten Europa-Übersee-Fahrtgebieten mit neun befreundeten Linien zu einem Zusammenschluß als **Joint Container-Service (JCS)** mit **Slot-Charter-Agreements.** In ihnen werden jedem Gemeinschaftsdienstpartner auf jedem zum Einsatz kommenden Schiff auf Zeitcharterbasis Container-Stellplätze zur Verfügung gestellt, die wiederum den

Abb.: 176

Einsatz größerer und damit rentablerer Schiffe ermöglichen, bei gleichzeitiger Erhöhung der Abfahrtenfrequenz. Außerdem kann das Tonnageangebot dadurch jederzeit für gemeinsame Rechnung den veränderten Marktsituationen flexibel angepaßt werden und gewährleistet durch ein gemeinsames Operating eine optimale Auslastung der zum Einsatz kommenden Schiffe. Durch diesen Zusammenschluß konnte die Frequenz auf fünftägige Abfahrten verdichtet werden.

176 Luftbild der »Monte Cervantes«(2), Bj. 1982, AG Weser, Werk Seebeck, Bremerhaven, Tragfähigkeit 23.560 tons dw, 1.185 TEU, Gantry-Kran mit 25 t Tragfähigkeit, 18 Kn, Bes. 29. Fahrtgebiet: Hamburg-Südamerika Ostküste

177 Längs- und Querschnitt des Containerschiffes »Monte Rosa«. Allein die Laderäume sind so groß wie ein fünfstöckiges Haus

178 CMS »Monte Rosa«: Das Schiff im Längsschnitt

179 CMS »Monte Rosa«: Vorschiff und Achterschiff

180 CMS »Monte Rosa«: Satelliten-Navigation

181 Die Bauweise der Containerschiffe

182 Bauweise und Handling der Container

183 Kühlcontainer mit und ohne eigenen Kühlaggregaten

184 Das Beladen der Container mittels Gabelstaplern

185 Auch Santos-Kaffee wird nun mittels Gabelstaplern in Container verladen

186 Containerkräne und Flurfördergeräte auf dem Terminal

187 Ein Containerschiff wird beladen

188 Informationen und Dokumente begleiten den Container

189 Transportfahrzeuge für Container (Bahn und LKW)

190 CMS »Monte Rosa« kehrt voll beladen aus Südamerika in den Heimathafen zurück

Typisch für die Bauweise der Container-Schiffe sind die extrem großen Lukenöffnungen.

Die Bauweise der Containerschiffe

Von allen anderen Schiffen auf den Weltmeeren unterscheiden sich beladene Containerschiffe durch ihre an Deck hochgetürmte Ladung, die ihnen schon von weitem einen unverwechselbaren Umriß gibt. An Deck und bis tief in die Laderäume hinein stapeln sich tausend und mehr genormte Transportbehälter – Container –, die äußerlich über ihren Inhalt nichts verraten.

So nüchtern Containerschiffe und ihre Transportbehälter erscheinen, so interessant und abenteuerlich ist ihr Alltag: sie geben viele Fragen auf…

Containerschiffe unterscheiden sich in ihrer Bauweise von allen anderen Seeschiffen durch ihre extrem großen Lukenöffnungen. Sie sind die Voraussetzung dafür, daß die Container fast in voller Breite des Schiffes senkrecht in die Laderäume eingeführt und in Zellen vertikal übereinander gestaut werden können. Die Führungsschienen dieser Zellen verhindern ein Verschieben oder Kippen der Container im Seegang.

Die Größe der Lukenöffnungen kommt aber nahezu einem Fortfall der Festigkeit gebenden Decksfläche gleich. Um die dadurch entstehende Schwächung des Schiffskörpers auszugleichen, werden in Containerschiffen über den Querschotten starke Kastenträger eingebaut, die an den Seiten in noch größere längslaufende Kastenkonstruktionen (doppelte Seitenwände) münden und so mit einer Reihe von tiefer angeordneten Seitentanks dem Schiff eine ausreichende Steifigkeit gegen Durchbiegung und besonders auch gegen Torsion (Verwindung) in der Längsachse geben.

Die Breite der Containerschiffe und ihr Freibord – das ist bei abgeladenem (voll beladenem) Schiff die Höhe von der Wasserlinie bis zum obersten durchlaufenden Deck – sowie ihr Schiffsschwerpunkt sind so bemessen, daß das Schiff bei richtiger Beladung immer genügend aufrichtende Kräfte (Schwimmstabilität) besitzt, um nicht in die Gefahr des Kenterns zu geraten, wenn es in schwerem Seegang stark nach einer Seite überholt (sich neigt).

Ein Ballastsystem mit großen Doppelboden- und Ballastseitentanks und ausreichend Pumpen mit hoher Förderleistung sorgt für die Gleichgewichtslage der Schiffe je nach Beladung. Durch Fluten oder Lenzen der an den Seiten gelegenen Ballasttanks – „Gegentrimmen" – läßt sich die seitliche Neigung des Schiffes beeinflussen. Eine Krängungssteueranlage mit Anzeige im Maschinenkontrollraum steuert während des Löschens und Ladens automatisch den Ausgleich durch Umpumpen des Ballastwassers von einem Seitentank in einen entsprechenden Tank auf der anderen Schiffsseite. Nur bei aufrechter

Der Baukörper eines Containers besteht aus einem stählernen Rahmengerüst mit acht Eckbeschlägen („Corner Castings") zum Anheben und Verriegeln und den Wänden aus Stahl oder Sperrholz sowie Dach und Fußboden. Die meisten 20'-Container besitzen an einer der Stirnseiten zwei Türen, die durch je zwei Stangen-Verriegelungen zu verschließen sind.

Die Container sind so stabil gebaut, daß bis zu neun von ihnen vollbeladen übereinander gestapelt werden können.

Rechts: Viele Container sind mit einer besonderen Einrichtung ausgestattet wie z.B. dieser Isoliercontainer für den Transport von hängenden, auf −1,2° C vorgekühlten Rindervierteln. Die Isolierung von Wänden, Türen, Dach und Boden ist deutlich zu erkennen.

Ein Container mit Kühlladung muß während des Inlandtransportes von einem Kühlaggregat gekühlt werden, das an die Stirnseite des Containers angeschlossen wird. (Huckepack-Kühlgerät = Clip on Unit.)

Container mit Kühlaggregat können auch als Deckscontainer gefahren werden; ihr Aggregat wird dann an eine Steckdose am Lukensüll angeschlossen.

Das Geheimnis, warum Container wie am Magneten angehoben, transportiert und abgesetzt werden können, sind unten am Heberahmen („Spreader") **A** vier kleine Drehzapfen („Twist Locks") **B**, die in vier Löcher („Corner Castings") **C** oben auf den Container eingreifen und dort ferngesteuert verriegelt werden (siehe Bild) – **D** Flipper.

Wie die Größen der Container, so sind auch die Maße der Heberahmen, der Drehzapfen usw. international genormt. Container können also in jedem darauf eingerichteten Hafen der Welt umgeschlagen werden.

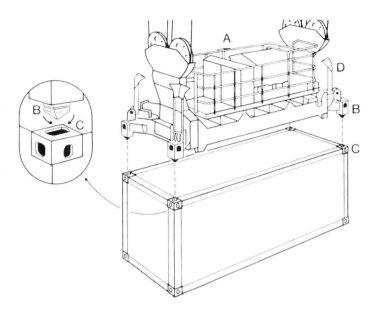

Ein Container ist ein genormter Ladungsbehälter,

in dem Güter geschützt aufbewahrt, gelagert und transportiert werden können, eine international genormte Transportkiste, die raumsparend über Straße und Schiene und über See befördert, im Freien gelagert und viele Male verwendet werden kann.

Die Ladung im Container kann, ohne daß sie unterwegs „angefaßt" werden muß, direkt vom Versender zum Empfänger befördert werden. Das bedeutet Schonung, Zeitgewinn, Vermeidung von Verlust und Diebstahl. Arbeitsersparnis und deshalb Kostenersparnis.

Die Abmessungen der Container sind von der International Organization for Standardization (ISO) festgelegt worden und zwar in Fuß und Metern. Der längste Container von 40' ist 12,19 m lang, der gebräuchlichste ist 20' oder 6,058 m lang, Zwischengrößen haben 10' und 30', die meisten aber gleichmäßig eine Breite von 8' und eine Höhe von 8' oder 8'6". Der 20'-Container ist außerdem Basis-Einheit mit der Bezeichnung „TEU" – Twentyfoot Equivalent Unit.

Ein 20'-Container kann mit etwa 20 t, ein 40'-Container mit bis zu 30 t beladen werden (siehe Seite 70/71).

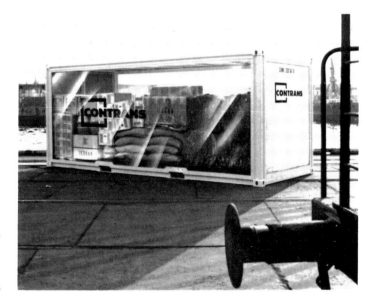

Gläserne Container gibt es nicht,
aber auf diesem Trickfoto kann man ungefähr sehen, wie in einem 20-Fuß-Container eine Stückgutladung gestaut ist.

Foto: CONTRANS

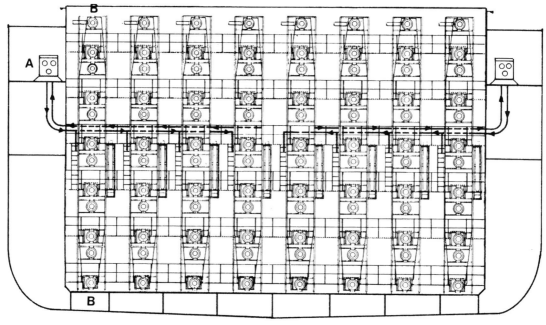

Querschnitt durch ein Container-Kühlschiff

*Kühlmaschinen **A** beiderseits der Laderäume bringen ein Kältemittel (Frigen) mit hohem Druck zu den Luftkühlern, die in die CONAIR-Kühlstäbe **B** eingebaut sind. Durch ein Expansionsventil wird das Kältemittel in das Rohrsystem der Luftkühler eingespritzt, wo es verdampft und wieder in den Kältekühlkreis abgesaugt wird. Beim Verdampfen entzieht es dem Luftkühler Wärme.*

Von der Kühlmaschine durch den Kühlstab zum Kühlcontainer

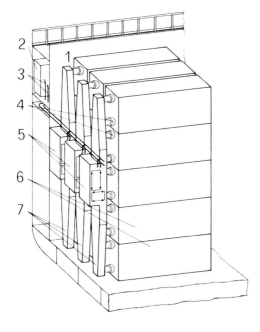

Die CONAIR- Kühlstäbe versorgen die angeschlossenen Kühlcontainer mit Kaltluft zum Kühlen der Ladung. Kühlstäbe und Container bilden zusammen einen geschlossenen Luftkreislauf. Der in jeden Kühlstab eingebaute CONAIR-Ventilator drückt die Luft durch den Luftkühler in den Zuluftschacht des Kühlstabes. Von dort wird die Luft in die unteren Zuluftöffnungen der einzelnen Container geblasen.

*Links: Schema einer Kühlstabgruppe. **1**: Kühlstäbe – **2**: Kühlmaschinen – **3**: Kühlmittelleitungen – **4**: Pneumatische Kupplung – **5**: Luftkühlergehäuse mit eingebautem Ventilator – **6**: Kühlcontainer – **7**: Doppelkanalsystem für Zu- und Rückluft.*

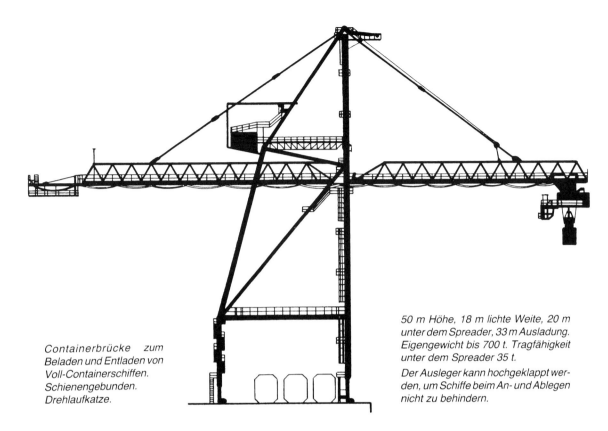

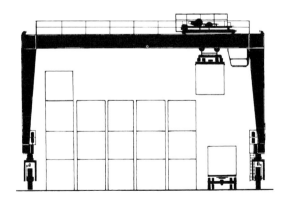

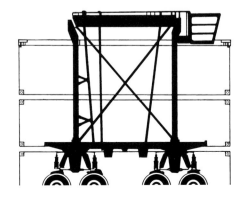

Containerbrücke zum Beladen und Entladen von Voll-Containerschiffen. Schienengebunden. Drehlaufkatze.

50 m Höhe, 18 m lichte Weite, 20 m unter dem Spreader, 33 m Ausladung. Eigengewicht bis 700 t. Tragfähigkeit unter dem Spreader 35 t.

Der Ausleger kann hochgeklappt werden, um Schiffe beim An- und Ablegen nicht zu behindern.

Containerkrane und Flurfördergeräte auf dem Terminal

Container-Portalstapler („Straddle Carrier") für den Zwischentransport von Containern bis 40′ Länge und 35,5 t Gewicht, zum Ent- und Beladen von Lkw und Container-Tragwagen der Bundesbahn. Fahren über ein oder zwei Container hinweg, greifen sie und stapeln sie zwei- bis dreifach. Hubhöhe 10,5 m. Acht Räder, Allradlenkung, hydrodynamischer Antrieb.

Container-Stapelkran zum Stapeln und Sortieren von Containern aller Größen bis 40′ Länge und 35,5 t Gewicht mit Teleskopspreader, zum Beladen von Trailern, Lkw und Container-Tragwagen der Bundesbahn. Gummibereift, läuft in einer Leitbahn. Allradlenkung, elektronische Steuerung, Diesel-elektrischer Antrieb. Große Räder. Kranlaufkatzen selbstfahrend oder seilgezogen. Verschiedene Größen bis 24,0 m lichte Weite und 13,5 m Höhe für fünffache Stapelung. – Oder Schienenfahrbahn

95

Von den vier Drehzapfen des Heberahmens („Spreader") sicher gehalten, sinkt der Container auf das Deck. Die Flipper an den vier Ecken des Spreaders werden gleich geliftet. Der Kranführer kann in seiner Kabine (oben rechts) der Vorgang genau beobachten.

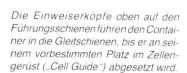

Die Einweiserköpfe oben auf den Führungsschienen führen den Container in die Gleitschienen, bis er an seinem vorbestimmten Platz im Zellengerüst („Cell Guide") abgesetzt wird.

96

Abb.: 185

In Anpassung an diese neue Linienkonzeption bringt die HAMBURG SÜD ab **Januar 1990 bis März 1991** eine Serie von drei bei den Lübecker Flenderwerken gebauten Schiffe von je 1.960 TEU, davon 650 Kühlcontainer im Temperaturbereich von + 12°C bis − 25° C, bei einer Tragfähigkeit von 33.000 tdw in Fahrt. Es sind die 19 Kn schnellen »**Cap Trafalgar**«(2), »**Cap Polonio**«(2) und »**Cap Finisterre**«(2).

191 CMS »Cap Trafalgar«(2), (HAMBURG SÜD), Bj. 1989, 1.960 TEU, 19 Kn, rund 20 Mann Besatzung, auf Kurs Südamerika

192 CMS »Cap Polonio«(2), (HAMBURG SÜD), vor der Kulisse von Rio de Janeiro.

193 Drei Schiffsgenerationen vereint an der Hamburger Überseebrücke: Vollschiff »Rickmer Rickmers« (Bj. 1896), MS »Cap San Diego« (Bj. 1961) und CMS »Cap Trafalgar« (Bj. 1989)

194 CMS »Cap Trafalgar«(2) im Hamburger Hafen mit Schlepper

Heute betreibt die HAMBURG SÜD ihren Europa-Südamerika-Ostküstendienst in Kooperation mit der brasilianischen Reederei **Aliança.** Anlaufhäfen: Rotterdam, Tilbury, Hamburg, Bremen, Antwerpen, Le Havre, Lissabon, Salvador de Bahia oder Suape, Rio de Janeiro, Santos, Buenos Aires, Montevideo, Rio Grande, Itajaí, São Francisco do Sul, Paranaguá. Mit einer Flotte von sechs Containerschiffen mit 2.640/2.000 TEU wird ein wöchentlicher Dienst geboten. Zubringerdienst: Asunción, Norwegen, Schweden, Finnland.

Abb.: 190

Abb.: 191

Abb.: 192

125 Jahre Hamburg-Süd.
Wir gratulieren.

TRADITION

INNOVATION

ol Marine Oil GmbH, Große Theaterstr. 42, 20354 Hamburg, Tel: (040) 35 94 260/261, Fax: (040) 35 94 372, Telex: 213676 Burma D

Abb.: 193

Abb.: 195

Die HAMBURG SÜD erweitert ihr Transportangebot durch Erwerb renommierter ausländischer Reedereien

Die 90er Jahre stehen bei der Reedereigruppe HAMBURG SÜD im Zeichen des Erwerbs von maßgeblichen Beteiligungen an renommierten ausländischen Konkurrenz-Linien, was ihr das Entrée in weitere angrenzende Fahrtgebiete verschafft. Grundsätzlich stehen einer Reederei zwei Wege offen, sich in einem bereits bestehenden Fahrtgebiet zu engagieren, nämlich durch offiziellen Aufnahmeantrag in einen Zusammenschluß von Linienreedereien, und im Falle der Ablehnung, sich als Außenseiter hineinzuboxen, oder auf dem Wege des Erwerbs einer der dort bereits operierenden Linien mit all ihren über die Jahre erkämpften Marktanteilen bzw. Verkehrsrechten. Die HAMBURG SÜD entschied sich im Zeitalter globaler Zusammenarbeit für den letzteren Weg.

So erwarb sie 1989 einen 50 Prozent Anteil an der spanischen Linie **Ybarra y Cia. Sudamerica S.A., Sevilla,** und sicherte sich damit den Zugang zur **Mittelmeer-Südamerika-Ostküsten-Fahrt.** Anfang 1990 erwarb die HAMBURG SÜD die **Rotterdam Zuid-Amerika Lijn (RZAL)** und im Oktober 1990 die britische **Furness Withy Shipping Ltd, Redhill, (UK, Australien)**, zu der u.a. die **Royal Mail Lines** sowie **The Pacific Steam Navigation Company (PSNC)** gehören. 1991 erwarb die HAMBURG SÜD die **Laser Lines Ltd AB, Stockholm,** die ihr eine weitere beachtliche Verstärkung des Verkehrsanteils in die **Karibik** und zur **Südamerika Westküste** brachte.

195 CMS »Andes« (PSNC) eröffnete am 12. Mai 1984 ab Valparaiso den neuen Gemeinschafts-Containerdienst EUROSAL – hier am Container-Terminal in Liverpool

Liniendienst Nordeuropa / Südamerika Westküste (HAMBURG SÜD)

Mit dem Erwerb der PSNC im Jahre 1990 und der Laser Lines ein Jahr später wurde die HAMBURG SÜD automatisch Mitglied des **EUROSAL** Konsortiums von zwölf Linienreedereien (inzwischen auf vier reduziert), mit einer Flotte von acht Vollcontainerschiffen mit Kapazitäten von rund 2.000 TEU, die von Nordeuropa einen achttägigen Dienst bieten. Anlaufhäfen: Amsterdam, Hamburg, Bremerhaven, Felixstowe, Antwerpen, Le Havre, Bilbao, Kingston, Cristóbal, Buenaventura, Guayaquil, Callao, Arica, Valparaiso, Paita. Ergänzt wird dieser Dienst durch einen monatlichen Gemeinschaftsdienst für Stückgüter durch HAMBURG SÜD / CSAV.

Ein **Zubringerdienst** auf Slotcharterbasis verbindet die Südostküste der Vereinigten Staaten mit **Kingston, Jamaica.** Hier werden Container **für** den EUROSAL Service bzw. **von** diesem Dienst umgeladen. EUROSAL verbindet Europa mit der Westküste Südamerikas.

Liniendienst Nordeuropa / Karibik / Südamerika Nordküste (HAMBURG SÜD)

Dieser Dienst wird von fünf Linienreedereien im Rahmen des Konsortiums **NEW CARIBBEAN SERVICE (NCS)** durchgeführt. Anlaufhäfen: Bremerhaven, Amsterdam, Hamburg, Felixstowe, Le Havre, Kingston, Oranjestad, Willemstad, Port of Spain, La Guaira, Puerto Cabello, Santa Marta, Cartagena, Puerto Limón. Eine Flotte von sechs 1.500 TEU Containerschiffen bietet wöchentliche Abfahrten. Zubringerdienst: Ponce, Rio Haina, Port-au-Prince, Puerto Cortez, Santo Tomas de Castilla.

Liniendienst Mittelmeer / Südamerika Ostküste (Ybarra CGM Sud)

Liniendienst als Mitglied des **Medecs Service**. Anlaufhäfen: Genua, Marseille, Barcelona, Cadiz, Las Palmas, Teneriffa, Valencia, Livorno, Neapel, Vitoria, Rio de Janeiro, Santos, Buenos Aires, Montevideo, São Francisco do Sul, Rio Grande, Salvador. Vier Containerschiffe mit 1.000/1.500 TEU bieten zwölftägige Abfahrten.

196 Routenkarte: Die weltweiten Liniendienste der HAMBURG SÜD-Gruppe.

Liniendienst Nordeuropa/Mittelmeer/ Nahost (DNOL Deutsche Nah-Ost Linien)

Abgesehen von ihren bedeutenden Märkten in Südamerika und Australien/Neuseeland ist die HAMBURG SÜD ferner in der Mittelmeerfahrt stark engagiert. Die DNOL Deutschen-Nah-Ost-Linien verbinden **Nordeuropa mit dem Mittelmeer und Nahen Osten**:
Gemeinschaftsdienst DNOL, DSR-Senator, Ellerman/KNSM. Anlaufhäfen: Felixstowe, Hamburg, Bremerhaven, Rotterdam, Antwerpen, Tunis, Alexandria, Port Said, Beirut, Tartous, Mersin, Getze, Istanbul, Saloniki, Izmir, Salerno. Mit vier Containerschiffen von 1.700 TEU werden neuntägige Abfahrten geboten.

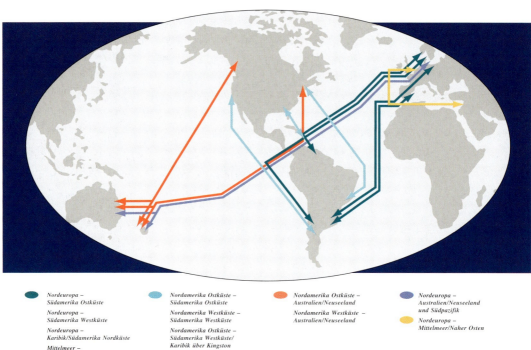

Nordeuropa – Südamerika Ostküste
Nordeuropa – Südamerika Westküste
Nordeuropa – Karibik/Südamerika Nordküste
Mittelmeer – Südamerika Ostküste

Nordamerika Ostküste – Südamerika Ostküste
Nordamerika Westküste – Südamerika Westküste
Nordamerika Ostküste – Südamerika Westküste/ Karibik über Kingston

Nordamerika Ostküste – Australien/Neuseeland
Nordamerika Westküste – Australien/Neuseeland

Nordeuropa – Australien/Neuseeland und Südpazifik
Nordeuropa – Mittelmeer/Naher Osten

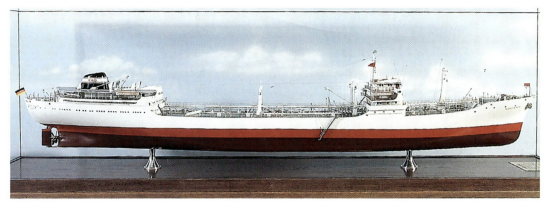

Abb.: 197

Containerpark

Die HAMBURG SÜD Schiffahrts-Gruppe hat weltweit **52.000 Container** im Einsatz, davon rund 70 Prozent eigene. 1995 wurden mehr als 50 Millionen DM in neue Boxen investiert. Die laufenden Kosten für das Equipment belaufen sich einschließlich Wartung und Reparatur, Transport von Leercontainern, sogenanntes »Deadheading«, und Steuerungsaufwendungen, zusammen auf etwa 125 Millionen DM im Jahr.

Rudolf A. Oetker Trampdienst

Schon wenige Jahre nach dem Krieg, bei Wiederbeginn der Schiffahrtsaktivitäten der HAMBURG SÜD wurde auf Initiative von **Dr. Rolf Kersten** durch gezielte Diversifikationen das Reedereigeschäft ab 1953 wesentlich ausgeweitet und damit eine größere Risikostreuung erreicht. Die Aufnahme der **Tank- und Fruchtschiffahrt** waren seine Schöpfungen. Vor allem das **Kühlgeschäft** wurde von ihm zielstrebig ausgebaut. Die HAMBURG SÜD zählt seit vielen Jahren zu den erfahrenen Spezialcarriern auf diesem Sektor. Diese Trampaktivitäten firmieren unter der **Reederei Rudolf A. Oetker**.

Die Trampfahrt wird betrieben mit Trockenfrachtern (Bulkern), Tankern und Kühlschiffen. Die Trampaktivitäten fahren etwa 35 Prozent des Reedereiumsatzes auf.

197 Motortanker »Rudolf Oetker« (1954-1967), Tragfähigkeit 18.340 tdw, 15 kn, Pass. 2, Bes. 45, eingesetzt in der weltweiten Tankfahrt, Modell 1:100

198 Motortanker »Rudolf Oetker«

199 MS »Polar Ecuador« (1967-1976), 8.000 tdw, 420.000 cbf Kühlkapazitäten, 23 kn, Modell 1:100

Star-Reefers Pool

Dieser Pool ist ein Joint Venture mit **Blue Star Lines**, operiert etwa 35 konventionelle Kühlschiffe. Star Reefers gehört zu den größten unabhängigen Kühlschiffgruppierungen in der Welt.

Die **trockene Fahrt** (Massengut) wird in Hamburg, London und Melbourne bearbeitet. Die Schiffe sind hauptsächlich zwischen Europa und Südamerika, Nord- und Südamerika und von und nach Australien im Einsatz.

Produktentanker sind zur Zeit hauptsächlich im Fernen Osten eingesetzt.

Die Flotte

Derzeit beschäftigt die HAMBURG SÜD ständig 40 bis 50 eigene und gecharterte Schiffe mit einer Gesamttonnage von ca. 1,3 Millionen tdw (Tonnen Tragfähigkeit)

Schiffsnamen

I. Containerschiffe	Baujahr	TDW	TEU
COLUMBUS NEW ZEALAND	1971	22.440	1.187
COLUMBUS AUSTRALIA	1971	22.440	1.187
COLUMBUS AMERICA	1971	22.440	1.187
COLUMBUS VICTORIA	1979	23.165	1.211
COLUMBUS QUEENSLAND	1979	24.320	1.182
COLUMBUS CANADA	1979	22.995	1.189
COLUMBUS CANTERBURY	1981	23.520	1.189
COLUMBUS CALIFORNIA	1982	23.520	1.157
ANDES	1984	37.043	1.902
CAP CORRIENTES	1984	34.680	1.905
CAP TRAFALGAR	1989	33.216	1.960
CAP POLONIO	1990	33.205	1.960
CAP FINISTERRE	1991	33.146	1.960
CAP ROCA	1991	42.221	2.640
Summe Containerschiffe	**14**	**398.351**	**21.816**

II. Gastanker		TDW / CBF
AYANGUE	1968	3.640
ANCON	1969	3.640
DARWIN	1977	54.158
Summe Gastanker	**3**	**61.438**

III. Kühltonnage:		
POLAR ARGENTINA	1992	523.653
POLAR BRASIL	1992	526.044
POLAR COLOMBIA	1992	523.178
POLAR ECUADOR	1992	523.178
POLAR URUGUAY	1993	536.501
POLAR CHILE	1993	531.160
Summe Kühltonnage	**6**	**3.163.714**

Stand August 1996

HAMBURG SÜD The Shipping Group

Gesamtumsatz der Gruppe
(einschließlich Trampaktivitäten):

1993	1,7 Milliarden DM
1994	1,7 Milliarden DM
1995	1,7 Milliarden DM

Tochtergesellschaften, Zweigniederlassungen und Trade Names

Columbus Line, New Jersey (USA, Kanada, Australien, Neuseeland)
DNOL Deutsche Nah-Ost Linien, Hamburg
DSA Deutsche Schiffahrtsagentur, Hamburg
Furness Withy Shipping , Redhill (UK, Australien)
HAMBURG SÜD Belgium, Antwerpen
HAMBURG SÜD Brasil, São Paulo
HAMBURG SÜD Columbus Line, Santiago de Chile
HAMBURG SÜD DEUTSCHLAND, Hamburg
HAMBURG SÜD Nederland, Rotterdam
HAMBURG SÜD NORDEN, Stockholm
HAMBURG SÜD Reiseagentur, Hamburg
HAMBURG SÜD Sucursal ARGENTINA, Buenos Aires
Rudolf A. Oetker, Hamburg
Ybarra Sud, Sevilla (Spanien)

Sprecher der Geschäftsführung

Hinter großen unternehmerischen Leistungen stehen stets Einzelpersönlichkeiten, Männer, die Geschichte machen und das Schicksal der Unternehmen in guten und schlechten Zeiten lenken. Sie sorgen auch für den guten Geist in ihren Unternehmen und wählen die Mannschaften aus, ohne deren konstruktive und selbstverantwortliche Mitarbeit das Werk nicht gelingen kann. Nachstehend folgen die Namen und Daten der jeweiligen Sprecher der Geschäftsführung der letzten 100 Jahre:

Theodor Amsinck, geschäftsführender Gesellschafter von 1902–1937
John Eggert, geschäftsführender Gesellschafter von 1938–1954
Herbert Amsinck, geschäftsführender Gesellschafter von 1951–1957
Dr. Rolf Kersten, Sprecher der Geschäftsführung von 1955–1967
Dr. John Henry de La Trobe, Sprecher der Geschäftsführung von 1967–1988
Horst Schomburg, Sprecher der Geschäftsführung von 1989–1994
Dr. Klaus Meves, Sprecher der Geschäftsführung seit 1995

200 Rudolf August Oetker trat 1942 in den Aufsichtsrat der HAMBURG SÜD ein und baute sie ab 1950 zur größten deutschen Privatreederei aus

John Eggert

Herbert Amsinck

Dr. Rolf Kersten

Dr. John Henry de La Trobe

Horst Schomburg

Dr. Klaus Meves

Die Zukunft hat schon begonnen: Vom Seetransporteur zum globalen Transportunternehmen

Die durch die **Containerisierung** ausgelöste **Transport-Revolution** des **transozeanischen** Kontinente überspannenden **Haus-zu-Haus Verkehrs aus einer Hand** ist noch nicht abgeschlossen, sondern tritt mit der Fortentwicklung der EDV-gesteuerten Kommunikationsvernetzung in ein neues Stadium der Beziehungen zwischen Seeverladern/-empfängern und ihren Transportunternehmen. Zur **besseren Serviceleistung für den Kunden** und zur kontinuierlichen **Kontrolle des Containerumlaufs** – und das erfordert ein unerbittliches **Kostenmanagement –,** war der Reeder gezwungen, seine **Transportregie** weit über die herkömmliche **Hafen-zu-Hafen** Relation auszuweiten und dadurch sich zu einem **all-round Transportunternehmen** zu entwickeln, wollte er sich nicht in die totale Abhängigkeit von Zulieferern und Spediteuren auf beiden Seiten der Seestrecke begeben. Denn das **Containerschiff** ist ja im Unterschied zum herkömmlichen Frachter das Produkt von Schiff **plus** in Umlauf befindlichem **Containerpark** auf beiden Seiten des Verkehrs, mit der Maßgabe, daß seine Kapazität auf der Hin- und Rückreise oder auch Rundreise im Falle eines Round-the-World Dienstes stets eine optimale Auslastung erfährt, um rentabel zu operieren. Aber nicht nur der Reeder, sondern auch der **Kunde** erwartet, daß er für die gesamte Transportabwicklung **einen Service aus einer Hand** erhält und bei Bedarf jederzeit über den Zustand und Verbleib seiner auf Reisen befindlichen Containerladungen unterrichtet wird, und diese unter ständiger Wartung durch die Beauftragten der Reederei, insbesondere bei hochempfindlichen Ladungen wie **Kühlgut**, termingerecht und in einwandfreiem Zustand am Bestimmungsort eintreffen.

Nicht länger das Schiff, sondern der Container steht somit im Mittelpunkt des Transportgeschehens.

Die HAMBURG SÜD als **Spezialist in den Nord-Süd-Verkehren** wird folglich von ihren Kunden zunehmend mit **globalen Transportleistungen** betraut. Der **Seetransport** wird mehr und mehr **Glied einer Transportkette** in einem weltumspannenden Transportnetz.

Auf Kundenwunsch übernimmt die HAMBURG SÜD daher **die gesamte Disposition vom Lieferanten bis zum** Fabriktor, zum Lager oder zur Ladentür des **Empfängers**. Sie stimmt mit dem Hersteller den Auslieferungsrhythmus ab, sie organisiert die Zwischenlagerung, kümmert sich um die Verzollung, den Weitertransport an Land, die Kommissionierung und die Fakturierung sämtlicher Teilprozesse **und das alles Just-in-Time**. Die HAMBURG SÜD ist mit ihrem hochentwickelten Logistikkonzept in der Lage, ihren Kunden innovative, kundenspezifische und wettbewerbsstarke Lösungen anzubieten – bis zu logistischen Komplettlösungen.

Wer den Erfolg will, muß seiner Zeit voraus sein.

Stolz auf die Vergangenheit und fit für die Zukunft

Die Unternehmen der Reedereigruppe HAMBURG SÜD und ihre Mitarbeiter haben in den vergangenen 125 Jahren in Deutschland ihren Beitrag zur Geschichte der Handelsschiffahrt geleistet. Damals wie heute haben sie mit Pioniergeist, Risikobereitschaft und unternehmerischem Gespür die Entwicklung vom Seetransporteur zum modernen Logistik-Unternehmen vorangetrieben. Das Gute noch besser zu machen bleibt auch in Zukunft ihr Ziel.

Eine Reise von Hamburg nach Buenos Aires mit dem Dampfer »Rio«, Capt. J. H. Brandt, im December 1881

(Auszug)

Der Dampfer »Rio«, mit dem ich die Reise von Hamburg nach Buenos Aires machen sollte, ist Eigenthum der Hamburg-Südamerikanischen Dampfschifffahrts-Gesellschaft. Er hat 1.700 Tons Gehalt und eine Maschine von 450 Pferdestärken. Die Länge beträgt 288 Fuß, die Breite 35 Fuß, die Höhe über dem Wasserspiegel 32 Fuß. Er hat 2 Masten und 1 Schornstein. Das Schiff wurde im Jahre 1870 in England gebaut. Im Jahre 1879 wurden unter Leitung des Herrn Gäthgens, der jetzt noch I. Ingenieur an Bord ist, in der Mitte noch 20 Fuß eingebaut, aber trotzdem ist der »Rio« das kleinste Schiff der Gesellschaft und als gehöriger Schaukelkasten bekannt.

Die Besatzung besteht aus ca. 40 Mann, nähmlich: Herrn H. J. Brandt Capitain, Herrn Kröger I. Officier, Herrn Bolt II. Officier, Herrn Brandhagen III. Officier und zugleich Verwalter, ferner Herrn Gäthgens I. Ingenieur, Herrn Rickmann III. Ingenieur, 12 Feuerleuten, 1 Zimmermann (zugleich Neptun, Barbier und Haarschneider an Bord), 1 Segelmacher, 2 Bootsleuten, mehreren Matrosen, 1 Anstreicher, 1 Bäcker, 1 Metzger, 2 Köche, 3 Stewards und 1 Stewardess. Ein Arzt war nicht an Bord. An lebenden Thieren hatten wir mehrere Schweine, einige 30 Hühner, Gänse, einen Ochsen. Einige Dutzend Schaafböcke (als Frachtgut).

1. December 1881

Wie mir gestern von dem Agenten der Gesellschaft, Herrn August Bolten gesagt wurde, sollte ich mich heute früh 9 Uhr an Bord begeben, da noch am Vormittag die Abfahrt nach Glückstadt erfolgen sollte. Ich machte mich also um 8 Uhr, begleitet von Fritz Bornemann, auf nach dem Hafen. Hier nahmen wir ein Boot und schifften uns ein. Nachdem ich mein Handgepäck in eine Cabine gebracht hatte, gingen wir wieder an Deck, konnten jedoch des strömenden Regens wegen nicht oben verweilen, weshalb wir uns in den Salon zurückzogen, um die letzten Minuten noch bei einer Flasche Wein zu verplaudern. Zu uns gesellten sich noch zwei Herren, von denen der Jüngere sich als P. Schönherr aus Gera vorstellte und auch Passagier nach B. Aires war. Der Ältere war Herr B. und Begleiter Schönherrs. Es mochte 10 Uhr sein, als uns die Herren Bornemann und Brummhardt verließen. Wir brachten sie an Deck und winkten ihnen mit den Taschentüchern nach, solange wir sie sahen. Inzwischen waren wir mit einem jungen Herrn ins Gespräch gekommen, der sich als Jacob Kade aus Achern in Baden vorstellte und auch Passagier nach Buenos Aires war. Wie ich von Kade hörte, waren wir drei jungen Leute die einzigen männlichen Cajüts-Passagiere, aber die Unzahl Kasten, Schachteln, Coffern und Cöfferchen, die noch fortwährend heruntergebracht wurden, sagten uns, daß mehrere Passagiere des schwachen Geschlechts und Kinder die Reise mitmachten.

Wir drei jungen Leute gingen nun trotz Regen und Wind auf dem Deck herum, um die Vorbereitungen zur Abfahrt zu sehen, denn das war uns etwas Neues. Um einhalb 11 Uhr erschien der I. Officier in hohen Seestiefeln, Regenmantel und Südwester, auf der Comandobrücke (der Capitain kam erst nachts in Glückstadt an Bord) und gab mit der Dampfpfeiffe das Signal zur Abfahrt. Schon eine halbe Stunde früher hatte sich ein kleiner Dampfer vorgelegt, der uns in die Elbe bringen sollte. Jetzt nachdem

das Zeichen zur Abfahrt gegeben war, wurde der Anker gelichtet und die Maschine fing an zu arbeiten. Nun ging es langsam durch den Wirrwarr von großen und kleinen Dampfern und Segelschiffen der Elbe zu. Überall auf den Schiffen, wo wir bemerkt wurden, schwenkte man Tücher und Mützen. Ein eigenthümliches Gefühl bemächtigte sich meiner, als ich so nach und nach die Thürme und Häuser Hamburgs schwinden sah. Wir steuerten nicht weit vom rechten Ufer und passierten bald Blankenese, wo sich ein Trupp Frauen und Kinder auf einer Ladungsbrücke postirt hatte, welche mit Tüchern, Mützen etc. winkten. Unsere ganze Besatzung antwortete. Wie ich hörte, waren es die Frauen und Kinder unserer Officiere und Mannschaften, die dort wohnten und jetzt ihren Männern und Vätern glückliche Reise und Heimkehr wünschten. Wie oft kommt es vor, daß sie sich nicht wiedersehen.

Inzwischen war es 12 Uhr geworden, und als die Schiffsglocke 8 Glass schlug, läutete der Steward zum Lunch. Gespannt, mit wem wir die Ehre haben sollten, volle vier Wochen oder vielleicht noch länger auf dem »Rio« zuzubringen, und alle Gefahren und Freuden einer Seereise im Winter zu theilen, verfügten wir uns in die Cajüte. Wir hatten uns nicht geirrt, daß noch Passagiere des schwächeren Geschlechts an Bord seien, denn zwei Damen und drei Kinder hatten ihre Plätze am Tisch schon eingenommen, und wir erfuhren nun, daß unsere Reisegefährten Frau Trittau aus Buenos Aires mit ihren drei Kindern, Charlotte 9 Jahre, Alice 7 Jahre, George 4 Jahre, nebst einem Stubenmädchen Fräulein Henny waren. Letztere war schon blaß und bleich, und schon halb seekrank. Zum Lunch gab es Beafsteak mit Kartoffeln, Eier, Butterbrod mit Sardellen, Käse, Schinken, verschiedene Wurstarten etc. Dazu wurde Bier getrunken, die Flasche 80 ch. Den

Caffee tranken wir im Rauchzimmer. Während des Tischgesprächs hörte ich, daß Kade seit dem 1. October vom Militair entlassen war und Stellung als französischer und englischer Correspondent bei Ernesto Tornquist und Comp. in Buenos Aires hatte. Schönherr sagte, er sei Landwirth und ging ohne Stellung nach Süd-America.

Nach Tisch machten wir unsere Cabinen zurecht, und weil nicht viel Passagiere waren, so suchte sich jeder eine aus wie sie ihm gefiel. Ich nahm eine Cabine auf der linken Seite, auf Backbord, wie der technische Ausdruck lautet, mit den Betten oder vielmehr Cojen Nummer 11/12. Die Cabinen befinden sich auf beiden Seiten des Salons, auf jeder Seite sieben, jede mit zwei Cojen, also waren für 28 Mann Platz hier. Ferner waren im hinteren Theil der Cajüte gepolsterte Sitze, die in Schlafstellen verwandelt werden konnten, wo dann auch noch wenigstens 25 Passagiere schlafen konnten. Die Damen- und Familiencabinen waren mehr nach der Mitte des Schiffes hin, wie viele, weiß ich nicht. An der linken Seite meiner Cabine befand sich eine Art Sopha mit drei Schubfächern für Wäsche, und an den Wänden Haken für die Kleider. Rechts hinter der Tür war ein kleiner Waschtisch mit dem nöthigen Zubehör. An der Wand rechts war ein Kerzenleuchter, der sich in Angeln bewegte, damit er auch bei den stärksten Schwankungen des Schiffes immer senkrecht blieb. Die Kerze war ganz in einer Messinghülse, so daß immer nur der brennende Docht sichtbar war, und wurde von einer Feder nach oben gedrückt. Ich kannte das Instrument nicht, und fing an zu drehen, auf einmal sprangen Kerze und Feder bis oben unter die Decke. Der Steward brachte die Sache wieder in Ordnung und ich ließ für die Folge meine ungeschickten Finger davon. Die Cojen gleichen schon mehr Särgen, so schmal sind die Kästen, sie enthalten eine Matratze mit Kopfkissen und eine wollene Decke (natürlich auch weiße Wäsche). Unter jedem Kopfkissen lag für den Fall der Noth ein Schwimmgürtel aus dicken Korkstücken.

Der Salon war ca. 30 Fuß lang und wurde durch ein Oberlicht erhellt. In der Mitte stand ein Tisch, und zu beiden Seiten Bänke. Neben dem Tisch, an einer Messingstange hingen zwei Petroleumlampen und zwei Behälter für Flaschen und Gläser. Alles in Angeln. Ganz im Hintertheil war der Ofen und herum in Form eines Hufeisens Sophas. Links war ein Glasschrank mit ca. 100 Bänden, als Bibliothek. An der vorderen Wand befand sich ein großer Spiegel mit dickem Goldrahmen und darunter ein hübsches Buffet. Zu beiden Seiten waren die Treppen nach oben, welche im Deckssalon oder Rauchzimmer ausliefen. Das ganze Hinterdeck bis zum Maschinenhaus bleibt reserviert für die Passagiere erster Classe, während das Vorderdeck mit Kisten, Fässern, Ställen für die Thiere, Tauwerk etc. angefüllt ist. Hier dürfen sich die Zwischendeckspassagiere aufhalten, aber nicht weiter wie bis zur Comandobrücke kommen.

Nachdem wir mit unserer wohnlichen Einrichtung fertig waren, trafen wir uns auf Deck. Das Wetter hatte sich aufgeklärt und so konnten wir sehen, wie kurz nach 4 Uhr bei Glückstadt Anker geworfen wurde. Hier sollten wir den Capitain erwarten, und dann mit Tagesanbruch der Nordsee zudampfen. Um 5 Uhr wurde diniert und diesmal waren schon zwei Mann mehr bei Tisch, nämlich der I. Officier und der I. Ingenieur. Dem Capitain war der Platz am Kopf reserviert. An der einen Seite saß Frau Trittau und ihr gegenüber ich, neben mir Kade und dem gegenüber Schönherr, dann kamen Herr Gäthgens und gegenüber Herr Kröger. Die Kinder saßen mit Fräulein Henny ganz unten. Nach dem Diner regnete es wieder und zudem war es

auch Nacht geworden, weshalb wir in der Cajüte blieben. Es wurden noch einige Briefe geschrieben, die der Lootse den nächsten Tag mit an Land nehmen sollte, und nachdem wir um 9 Uhr Thee getrunken hatten, suchten wir alle unsere Cabinen auf. Das war der erste Tag an Bord des »Rio«.

An Schlaf war natürlich nicht zu denken, denn erstens war ich zu aufgeregt, und dann störte mich auch das Geräusch des Schiffsvolks, das fortwährend mit Ketten und Tauen über Deck schleppte. Gegen Morgen schlief ich etwas, wurde aber bald durch ein eigenthümliches Stoßen und Rollen, unter und hinter mir geweckt, konnte aber der Dunkelheit wegen nicht sehen was es war, dachte mir aber, daß das Geräusch von den Bewegungen der Schraube herkam. Wir dampften also weiter, es mochte 5 Uhr sein, mit dem Schlaf war es natürlich vorbei und wie es etwas heller wurde, sah ich zum Fenster hinaus und bemerkte, daß es schnell stromabwärts ging.

2. December

Um 7 Uhr kleidete ich mich an und ging an Deck. Das Wetter hatte sich gebessert, es regnete nicht mehr und der Himmel war klar. Auf der Comandobrücke standen der Capitain, der I. Officier und der Lootse. Der Capitain ist eine richtige Seemannsgestalt, dessen verwettertes, von einem kräftigen blonden Schnurrbart geziertes Gesicht, schon manchem Sturm ausgesetzt war. Ich war noch nicht lange oben, als Kade kam. Er hatte die Nacht auch schlaflos verbracht.

Die Elbe war schon ziemlich breit geworden und um 8 einhalb Uhr kam die Nordsee in Sicht. Welch ein Anblick, so weit das Auge reicht, nichts als Wasser. Eine Masse Schiffe kamen uns entgegen, oder fuhren mit uns, Dampfer und Segler, große und kleine. Um 10 Uhr kam ein großer Steamer zu Berg. Es war der »Santos« von derselben Linie, der am 25. October von Buenos Aires abgegangen war und heute in den Hamburger Hafen einlief. Unser Capitain ließ zum Gruß die Compagnieflagge aufhissen und der »Santos« ebenfalls. Sausend fuhren wir aneinander vorbei, wobei von beiden Seiten Tücher und Mützen geschwenkt wurden. Die Elbe wurde breiter und breiter, und auf der rechten Seite war schon kein Land mehr sichtbar, nur das linke Ufer konnte man noch eben erkennen. Auch an dem Wasser merkten wir, daß wir bald in der Nordsee waren, es war ganz grün und unser Schiff schwankte ein wenig. ..... Es war 4 Uhr nachmittags und das letzte Feuerschiff kam in Sicht. Wir steuerten ganz in die Nähe desselben, dann wurde die Maschine gestoppt und ein Boot ausgesetzt, welches den Lootsen auf dem Feuerschiff absetzte.

3. December

Diese Nacht ist es mir auch nicht besser wie die Vorige gegangen. Das fortwährende Brummen und Summen der Schraube ließ erst gar keinen Schlaf in meine Augen kommen, dazu das Schaukeln des Schiffes und Plätschern der Wellen, alles war so neu. Erst gegen morgen schlief ich einige Stunden. Um 8 Uhr stand ich auf und kleidete mich an, aber so leicht wie auf dem Festland ist das nicht, man muß fortwährend blancieren und sich mit einer Hand festhalten. Das Waschen ist erst ein Kunststück und will gelernt sein. Wenn man so dasteht, das Gesicht über das Waschwasser gebeugt und es gibt plötzlich einen Ruck, so rennt man zuerst mit dem Kopf gegen die Wand und dann fliegt man weiß Gott in welche Ecke des engen Raumes. Endlich war ich fertig und nachdem ich Caffee getrunken hatte, ging ich an Deck. Um uns her war es sehr lebhaft, durch die Fischerboote. Als Kade gekommen war, fingen wir an, Spanish zu studieren. Nach einer Stunde erschien auch

Schönherr bleich und blaß, dicht in seinen Mantel gehüllt. Auf unser Befragen hörten wir, daß er schon die ganze Nacht seekrank gewesen war. Wir lachten ihn aus, und Trittaus Kinder erst recht, sogar Fräulein Henny machte einen Versuch zu lachen. Also zwei Opfer hatte Neptun schon gefordert, wann wird die Reihe an uns kommen? Bei Tisch glänzte Schönherr natürlich durch Abwesenheit, denn er saß am Hintermast und stierte vor sich hin.

4. December

Nachdem ich endlich fertig war, trank ich schnell eine Tasse Caffee und einen Cognac, drehte mich fest in den Mantel und eilte an Deck. Der Seegang war sehr hoch und die Wellen hatten weiße Köpfe. ..... Ich balancierte einige Zeit auf dem Deck herum, aber von meinen Reisegefährten ließ sich niemand sehen. Es läutete zum Frühstück und ich glaubte, die Herrschaften unten zu treffen, aber auch hier war niemand zu sehen. Der Capitain lachte, wir waren nur drei Mann, nämlich der Capitain, der I. Ingenieur und meine Wenigkeit. Der I. Officier hatte Wache. Alles war seekrank, aber ich spürte zum Glück noch nichts und hatte auch den besten Appetit. Nach dem Frühstück kam Carlota Trittau an Deck, auch sie war nicht krank, und darum versuchten wir beide, so gut es ging, auf und ab zu gehen.

6. December

…Ich nahm Alice mit, und zeigte ihr das schöne Schiff, worüber sie sich so freute, daß sie für den Augenblick ihren Husten vergaß, aber erst recht, als George und Carlota freudig herankamen und von den Wallfischen erzählten, die sie gesehen haben wollten. Wir gingen auf die andere Seite des Schiffes und bemerkten ca. 20 große Delphine, welche tanzend und schwingend den Dampfer begleiteten, und sich bald rechts, bald links zeigten. Das war eine Freude und ein Leben, die Seekrankheit war auf einmal verschwunden. Nach und nach verschwanden die Fische, und ein Schwarm Möven nahm die Aufmerksamkeit in Anspruch. Unterdessen war es 12 Uhr geworden und der Steward läutete zum Lunch. Trotzdem eben noch alles heiter war, so war ich doch der einzige, der in die Cajüte zum Essen kam. Nach Tisch nahm mich der Capitain mit in sein Observationszimmer und zeigte mir die Karten und Instrumente und erklärte mir deren Gebrauch. Ich begriff nicht viel davon, nun sah ich, daß das Barometer nicht besonders gut stand. Das hätte nichts zu sagen meinte Herr Brandt. Am Nachmittag spielten der Kapitän, Gäthgens, Kade und ich einen Skat, wobei ich 1,20 M gewann. Am Abend bewölkte sich der Himmel etwas und der Wind nahm zu, sowie auch die Schwankungen des Schiffes. Um 10 Uhr gingen wir schlafen.

7. December

…Um 10 Uhr stand ich vorn am Bug, um zu sehen, wie einige Segel gesetzt wurden. Das Schiff stampfte und rollte heftig und als der Kiel die Nase mal wieder gar zu tief ins Wasser steckte, kam eine Welle über Bord und durchnässte mich vollständig. Das Bad konnte nichts schaden, weil das Wasser ziemlich warm war, es schmeckte zwar sehr salzig. Nachdem ich trockene Kleider angelegt hatte, gab ich die vom Wasser durchnässten dem Zimmermann, damit er sie in Süßwasser auswaschen konnte, weil sie sonst steif würden. Ich kam noch gerade zur rechten Zeit nach oben, denn kaum 150 Schritt von Steuerbord war ein Wallfisch aufgetaucht, der fidel sein Wasser in die Luft spritzte. Es mochte zwischen 5 und 6 Uhr sein, als die Matrosen in die Masten kletterten und sämtliche Segel festmachten. Die Officiere waren eifrig beschäftigt und gaben mit ernsten Mienen

ihre Befehle. Der Kapitän selbst war auf der Comandobrücke und musterte mit Glas den westlichen Horizont, an dem wir einen schmalen schwarzen Streifen bemerkten. Das bedeutet nichts Gutes dachten wir und holten unsere Mäntel aus den Cabinen. Als wir wieder an Deck kamen, bat der Capitain die Damen, sich entweder in die Cajüte oder in das Rauchzimmer zu verfügen, da das Barometer gefallen sei und höchstwahrscheinlich mehrere Spritzwellen über Bord kommen würden, aber zu fürchten sei nichts. Kade und ich stellten uns in die Nähe der Officiersmesse unter die Comandobrücke. Der schwache Streifen wuchs sehr schnell und mit ihm auch der Wind, der schon unheimlich in der Tackelage heulte und die Wellen immer höher trieb. Der Himmel war ganz grau und das Wasser schwarz und ab und zu kamen schon Spritzwellen über Bord. Die paar Passagiere des Zwischendecks hatten sich auch zu uns gesellt, weil es auf dem Vorderdeck nicht mehr gemüthlich war. Der »Rio« gebärdete sich wie ein wildes Pferd. Bald war der Kiel beinahe im Wasser, so daß die See in die Luken eindrang, durch welche die Ankerketten gehen, bald war das Hinterdeck unten. Eine Welle nach der anderen drängte sich unter das Schiff oder platschte gegen die Schiffswand und kam mit einem Klatsch über Bord, so daß der Schaum hoch aufspritzte. Wenn das Schiff heftig überholte, glich das ganze Wesen einem ungeheuren, schräg und steil abfallenden Bergrücken, und unser Fahrzeug glitt scheinbar diesem jähen endlosen Abhang in kochende Tiefe hinunter. In unserem Gang war es auch kaum noch auszuhalten, denn sehr viel Wellen drangen auch hier herein, und dann standen wir für den Augenblick bis über die Knöchel und höher im Wasser. Bis 10 Uhr blieben Kade und ich dort und dann krochen wir, uns mit einer Hand am Tauwerk haltend, nach dem Rauchsalon. Hier saßen Frau Trittau mit den Kindern in trauriger Stimmung und Fräulein Henny und Schönherr schienen ihr Testament zu machen. Später kam der Capitain nochmal und beruhigte uns, es wäre nichts zu fürchten, wir sollten nur ruhig zu Bett gehen, was wir auch tathen.

8. December

Das war eine Nacht, wie noch keine in meinem Leben. An Schlaf war natürlich nicht zu denken, denn bald stand ich auf dem Kopf, bald auf den Füßen, bald wurde ich auf die rechte Seite geworfen, bald auf die linke, und hatte genug zu thun, um mich festzuhalten. Die Dunkelheit machte die Situation keineswegs angenehmer und der Gedanke, kaum einige Zoll durch die Schiffswand von dem wüthenden Element und dem vielleicht tausende von Fuß tiefen Abgrund getrennt zu sein, auch nicht. Ab und zu klatschte eine Welle über Bord und erhöhte noch den Tumult, und machte meine Cabine in allen Fugen krachend. Nebenan im Salon klirrten die Trinkgläser in den Gestellen und über mir die Steuerkette. Wenn sich das Schiff so hob und senkte, glaubte ich, keine Eingeweide im Leibe und kein Hirn im Kopfe zu haben. Es mochte ca. 1 Uhr sein, als der Dampfer von einer Welle hoch in die Höhe gehoben wurde und mit einem großen Krach und Gepolter auf die linkte Seite fiel, daß ich glaubte, es sei ein Unglück geschehen, und aus dem Bett kletterte, um die Thüre zu öffnen. Kade rief mir von der anderen Seite entgegen, er sei aus dem Bett gefallen. Trittaus Kinder schrieen und Fräulein Henny kreischte. Sonst war alles wie vorher. Der Steamer schaukelte noch so und die Schraube arbeitete auch noch, nun neigte sich das Schiff so sehr nach links, daß von dieser Seite her mehrere Wellen über Bord kamen wie vorher, weshalb ich noch die eiserne, luftdicht schließende Klappe über dem gläsernen Cabinenfenster schloß und wieder in meine Coje kroch. Nach einiger Zeit ließ das Pfeiffen des Sturmes nach, nicht aber die Schaukelei, das heftige Anprallen der Wogen.

Um 7 Uhr früh stand ich auf und kleidete mich mühsam unter stetem Balancieren und Purzeln an. Wie ich nach oben kam, traf ich Kade schon, der mit dem Capitain sprach. Letzerer erzählte, daß die Kohlen und der größte Theil der Kartoffelkisten auf die linke Seite gefallen seien, die Zwischendecker müßten jetzt erst aus den Kartoffeln hervorgeholt werden, sonst sei nichts Neues. Daß der Dampfer mehr nach links überholte, schade nichts, denn dem würde in St. Vicente schon abgeholfen werden. Der Regen hörte noch immer nicht auf und der Wind wehte auch noch ziemlich stark, aber der Capitain versicherte uns, daß wir morgen das schönste Wetter haben würden, weil das Barometer gestiegen sei. Gegen einhalb 9 Uhr erschien Frau Trittau und erzählte, wie Fräulein Henny mit den Kindern aus dem Bett gefallen sei, sie selbst habe fest geglaubt, wir wären auf einen Felsen gerammt.

Das Wetter hielt den Vormittag noch an, und am Nachmittag brach die Sonne durch. Das Meer war noch sehr bewegt und hatte durch die Schwankungen des Schiffes auch noch das Ansehen eines steilen Bergrückens. Andere Fahrzeuge sahen wir nicht. Gegen Abend hatte sich der Wind beinahe gelegt und die Sonne ging prachtvoll unter. Gäthgens, Kade und ich wurden vom Capitain zu einer Flasche Wein in seine Cabine gebeten. Hier wurden nun die Vorgänge der Nacht nochmal erörtert und der I. Ingenieur erzählte, daß die Spritzwellen verschiedene Male so stark in den Schornstein gekommen seien, daß die Feuerleute glaubten, die Feuer würden verlöschen. Der Capitain verspottete uns wegen unserer Ängstlichkeit, und meinte, das sei noch nichts gewesen.

Personen-, Orts- und Sachregister

Abegg, Carl H. 14
Admiralität, deutsche 41
Afrika 49
AG »Weser«,Werk Seebeck, Bremerhaven 89
Aktiengesellschaften 13
Aktienrecht 13
Alianca S.A., Empresa de Navagacaō, Rio de Janeiro 87, 97
Amazonas 49
Amsinck, Heinrich 14, 15
Amsinck, Herbert 71, 105, 106
Amsinck, Theodor 15, 25, 36-37, 39, 71, 105, 106
Amsterdam 101
Antwerpen 97
Äquator-Taufschein 2, 27
Äquatortaufe 27
Argentinien 29, 31, 32
Arica 101
Asunción 97
Auckland 88, 89
Außenhandel, deutscher 11
Australien 88
Auswandererbeförderung nach Brasilien 20, 22-24, 47
Auswandererschiffe 43
Bahia 19
Ballin, Albert 25, 36-37, 39
Beagle-Kanal (Eclaireur) 49
Berenberg- Gossler, John 14
Bertram, Heinrich, Kapitän 67
Betriebsgemeinschaft mit der Hapag 25
Bilbao 101
Bismarck, Otto von 7, 9, 12, 33
Blockadebrecher 67
Blohm + Voss AG, Hamburg 34, 39, 40, 42, 43, 47, 57, 76
Blue Star Line, London 88, 89, 103
Blumenau 21
Blumenau, Dr. 21
Bolten, Aug. , Wm. Miller's Nachfolger 15
Bolten, August 11, 14, 19
Brandt, Kapitän J.H. 112 - 117
Brasilien, 75, deutsche Einwanderer 73-75
Brasilien/USA Equal-Access-Agreement 79
Bremen 11, 97
Bremerhaven 85, 101

Brisbane 89
Buenaventura 87, 101
Buenos Aires 10, 12, 19, 30, 32, 39, 43, 57, 67, 72, 87, 97, 110
Burchard, Friedrich W. 14
Callao 87, 101
„Cap-San"-Schiffe 77-79, 80-84,
Cartagena 101
Columbus Line 79, 86, 87, 88
Commerz- und Disconto-Bank, Hamburg 14
Compagnie Génerale Maritime,(CGM) 89
Compania Sud-Americana de Vapores, (CSAV), Valparaiso 87
Condor Syndicat, deutsch-brasilianische Luftlinie 60
Container, See- 85, 91-94, 95-97, 107
Containerbrücken 85, 95, 96
Containerfahrt 85, 86,
Containerisierung 85
Containerpark 103, 107
Containerschiffe, Zellen- 85, 91, 104
Container-Terminal 85, 93, 95, 96, 97
Cristóbal 101
Crosstrades 79
Cuxhaven 34
Dampferrouten des Südatlantik 41
Dampfschiffahrt 11, 85
Delfino, Antonio 31, 72
Deutsche Kolonien in Südbrasilien 20, 21, 22 (Karte), 73-74
Deutsche Werft Ag, Hamburg 76, 77
Deutschen, die 11
Deutsches Reich 12
Deutschland, Bevölkerung 12,
Dividenden 40
Dom Pedro II., Kaiser von Brasilien 20, 21
Dreyer, Kapitän 50
Dritte Klasse (Zwischendeck) 20, 34, 43, 44, 47, 57
Eckener, Dr. Hugo 46, 60
Eggert, John 43, 71, 105, 106
Erhard, Ludwig 71
Erwerb von Konkurrenzlinien 9, 101
EUROSAL 101
Fährdienst Buenos Aires/Montevideo 32, 79
Fahrt, trockene 103
Fahrtgebiet Südamerika Ostküste 11, 30,

Neugliederung 61-62, 71 ff, Vollcontainer-
  dienst 89
Felixstowe 101
Fernando de Noronha (Brasilien) 60
Feuerland 46, 47, 49
Firmenarchiv 9
Flenderwerke, Lübeck 97
Flensburger Schiffsbau-Gesellschaft 27
Flota Mercante Gran Colombiana, (FMG), Bo-
  gotá 87
Flüchtlinge, deutsche aus den Ostgebieten 67
Flying P-Line 14
Fortaleza 87
Frachtbeförderung 25, 40, 72, 85, 107
Franken, franzöz. 12
Frankreich: Kriegskontribution (1871) 12, 13,
  Potsdamer Abkommen 68
Freitas, A.C. de & Co., Hamburg 11, 12, 25
Friedrichshafen 60
Friese, C, Hamburg und Kiel 47, 48, 57
Fruchtschiffahrt 63, 103
Furness Withy Shipping Ltd., Redhill 101
Gantry-Kräne, bordeigene 89
Gastanker 104
Gelbfieber 19
Geschäftsberichte 11, 40, 63
Geschäftsführung 105
Gesundheitsfürsorge 20
Gewerkschaften, amerikanische 85
Gold 12, 13
Goldwährung 12
Golondrinas 30
»Graf Zeppelin« (Luftschiff) 60, 62
Großbritannien 68
Gründerzeit 13
Gründung 11, 14-16,
Gründungsurkunde 16
Guayaquil 101
Häfen Mittel- und Südbrasiliens 11, 19
Häfen Nordbrasiliens 25
Hamburg 11, 85, 97, 103
Hamburg-Amerika Linie (Hapag) 11, 60, 79, 85
Hamburg-Brazilian Steamship Co. 19
HAMBURG SÜD The Shipping Group 105
Hamburg-Südamerikanische Dampfschiff-
  fahrts-Gesellschaft, Hamburg 11
Hamburg-Sümerikanische Dampfschifffahrts-
  Gesellschaft Eggert & Amsinck 71
Hamburger Freihafen-Lagerhaus-Gesellschaft
  33
Hamburger Hafen 9, 15,(Freihafen und Spei-

cherstadt) 33, 34, Überseebrücke 57-58, 62,
  66
Hamburger Hafen- und Lagerhaus-Aktienge-
  sellschaft (HHLA) 33, 57
Hamburger Hafenkonzert 44
Handelsflotte, deutsche 41-42, 67-68, 71
Handels-, Schiffahrts-, und Freundschaftsver-
  träge der Hansestädte Hamburg und Bremen
  mit Brasilien 11, 12, 13
Hansen, Kapitän C.W. 28, 29
Hapag: Ausgliederung der Südamerika-Ostkü-
  sten-Dienste 1934 61-62
Hapag: Auswandererbeförderung nach Brasili-
  en 20, 22-24
Hapag: Fahrplangemeinschaft mit HAMBURG
  SÜD 12, 25, 33, 61
Hapag: Genua-La Plata-Dienst 25
Hapag: Passageagentur der HAMBURG SÜD
  20
Haus-zu-Haus Verkehr, transozeanischer 85,
  107
High Society, argentinische 46
Hilfskreuzer 40, 41, 42
»Hindenburg« (Luftschiff) 60
Honolulu 88
Houston 89
Howaldtswerke , Hamburg 63, 71, 72
Illha das Palmas 18, 19
Inter-America-Service 79, 86-87
Iquique 87
Itajaí 87, 97
Jacksonville 86, 89
Joint Container-Service (JCS) 90
Juliusturm der Zitadelle von Spandau 13
Kabel, Heidi 49
Kaffee, 12, 32-33
Kaffeebörse 33
Kaffeeimporteure 33
Kaiserliche Marine (Reserveoffiziere) 28
Kersten, Dr. Rolf 72, 76, 103, 105, 106
Kieler Howaldtswerke 76, 77
Kingston 89, 101
Knoten 27
KNSM, Amsterdam 103
Kolonien 11
Konferenz, Linien- 90
Koninklijke Hollandsche Lloyd 45
Konkurrenz-Linien 40, 101
Konkurse 13
Kopenhagen 67
Konzentrationslager Neuengamme, Häftlinge

67

»Kraft durch Freude« (KdF)-Reisen 62-63

Kreuzfahrten (Luxus- und Touristen-)46, 47, 49, 57, 64

Kriegsmarine 67

Kühlcontainer 88, 89, 92, 94, 97

Kühlladung 34, 63, 77, 87, 89, 103, 107

Kühltonnage 76, 88, 104

La Plata-Fahrt 11, 19, 30, 34, 45, 57

Laeisz, Carl 15

Laeisz, Ferdinand 14, 15

Laeisz, F., Reederei 60

Lakehurst 60

Lateinamerika 11

Laser Lines Ltd. AB, Stockholm 101

Le Havre 97, 101

Ley, Dr. Robert 62

Linea Nacional del Sud 31

Liniendienst zwischen New York und Brasilien 79

Liniendienst Nordamerika-Westküste / Australien /Neuseeland (Columbus Line) 88

Liniendienst Nordamerika-Ostküste / Australien / Neuseeland (Columbus Line)88

Liniendienst Nordeuropa / Australien / Neuseeland / Südpazifik (HAMBURG SÜD)89

Liniendienst Nordeuropa / Südamerika Westküste (HAMBURG SÜD) 101

Liniendienst Nordeuropa / Karibik / Südamerika Nordküste (HAMBURG SÜD) 101

Liniendienst Mittelmeer / Südamerika Ostküste (Ybarra CGM Sud) 102

Lirquen 87

Lissabon 19, 39, 97

Liverpool 43

London 103

Los Angeles 87, 88

Luftpost 60, 62-63,

Magellanstraße 30

McLean, Malcolm 85

Medecs Service 102

Melbourne 88, 89, 103

Meves, Dr. Klaus 105, 106

Meyn, Jochen 10

Michahelles, Heinrich 14

Mieritz, H.E., Architekt 57

Montevideo (Pocito) 32, 33, 87, 97

Motorschiffe 47, 48, 63-64

Münzgesetz, deutsches 12

Nationalsozialistische Machtergreifung 61

Neuseeland 88

New Caribbean Service (NCS) 101

New York 57, 86,

Niejahr, Richard, Kommodore 62

Norddeutscher Lloyd (NDL), Bremen 11, Verlust der Mittel- und Südbrasil-Dienste sowie der La Plata-Häfen 61, 62, 63

Nordlandfahrten 47, 49

Nord-Süd-Verkehre 107

Norfolk 86, 89

Nottebohm & Co., Hamburg 71

Ölfeuerung 43

Oetker-Gruppe 7

Oetker, OHG Dr. August, Bielefeld 71

Oetker, Rudolf August 5, 7, 71, 105

Oetker, Rudolf A. Trampdienst 103

Oetker, Rudolf A., Reederei 103

Olympiade 1936 64

Oranjestad 101

Pacific Steam Navigation Company (PSNC), The 101

Paita 101

Palettesierung 85

Panama-Kanal 88

Paranaguá 87, 97

Passagiere 20, 40, 46, 60, 110-115

Passagierschiffahrt 25, 34, 38, 39, 40, 43, 45, 57, 72

Passagierverkehr 21, 27, 40, 63-64

Passagiereinrichtungen 26, 27, 30, 31,38, 39, 40, 43, 44, 45, 47, 48, 57, 59, 111-112

Patagonien 30, 31

Patagonienfahrt 30, 79

Peninsular and Oriental Steam Navigation Company, (P & O), London 89

Petersberger Abkommen 71

Philadelphia 86, 89

Pinnau, Prof. Cäsar F. 72

P & O Containers Limited, London 89

Polen 30

Ponce 101

Portalstapler (Straddle Carrier) 85

Port-au-Prince 101

Port Chalmers 89

Porto Alegre 60

Port of Spain 101

Portugal 31

Post 34

Potsdamer Abkommen, 67-68, 71

Preußen 12, 13

Preußen, Kronprinzessin Cecilie von 60

Preußen, Prinz Friedrich von 60

Puerto Cabello 101
Puerto Cortez 101
Puerto Limón 101
Punta Arenas 30, 31
Reeder, deutsche 42
Reedereiflagge 7, 9, 11
Reichsbanknoten 12
Reichsmark 12
Reiherstiegwerft, Hamburg 27
Rio de Janeiro 19, 26, 27, 57, 60, 87, 97
Rio Grande do Sul 60, 87, 97
Rio Haina 101
Rolin, Ernst, Kommodore 31, 57, 60
Ross, Edgar 14
Rotterdam 97
Rotterdam Zuid-Amerika Lijn (RZAL) 101
Royal Air Force 67
Royal Mail Line 9, 27, 101
Rußland 30
Saisonarbeiter 29
Salvador de Bahia(Bras.) 87
San Antonio 87
Sandtorkai 33, 34
San Francisco 87
Santa Marta 101
Santos 12, 19, 33, 87
Santo Tomas de Castilla 101
São Francisco do Sul 97
São Paulo 33
Schiffahrtsszene, internationale 9
Schiffahrtsvertrag mit Kaiser von Brasilien 20
Schiffsarzt 19, 20, 28
Schiffsmakler 15
Schiffsoffiziere und Besatzungen 20, 28, 60, 67, 110
Schomburg, Horst 105, 106
Schornsteinfarben 9, 40
Schuback & Söhne, Johannes 14, 19
Schwarz, Otto 29
Schwormstedt, F. 30, 31
Seebeckwerft, Geestemünde 43
Seattle 87, 88
Seefahrtsbuch 28, 29
Segelschiffahrt 11,
Sevilla 60
Slot-Charter-Agreements 88, 89, 90
Spanien 31
Spanier 31
Star Reefers Pool 103
Statutenänderung bei der HAMBURG SÜD 61

Steuervergünstungen gemäß § 7 d Abs. 2 ESTG. 71
Südatlantik-Route 45, 57
Suape 97
Suva 88
Sydney 88, 89
Tankschiffahrt 103
Tesdorpf, Adolph, Senator 14
TEU 86
Tilbury 97
Tochtergesellschaften, Zweigniederlassungen und Trade Names der HAMBURG SÜD 105
Tonnage der HAMBURG SÜD 11 , 19, 27, 34, 61-62, 64, 67-68,, 80-84, , 104, hinterer Vorsatz
Touristenreisen 46
Trailer 85, 92
Trampaktivitäten 103
Trinidad (Brasilien) 41
Trobe, Dr. John Henry de La, 105, 106
Überfahrtsbedingungen 20, 25
Unternehmensformen der HAMBURG SÜD 9, 71-72
UdSSR 68
USA 11, 45, (Einwanderungsbeschränkungen) 46
Valparaiso 101
Vancouver 87
Vereinsbankbank Hamburg 71
Verein Hamburger Rheder 20, 22
Versailler Vertrag 5, 41-42,
Versailles, Kaiserproklamation im Schloß 12
Verwaltungsgebäude 18, 19, 70, 72
Verwaltungsrat 11
Vollcontainerdienst 88
Vulcan-Werft, Hamburg 39, 44
Währungsreform 1948 71
Weltkrieg, Erster 5, 41
Wellington 88, 89
Weltkrieg, Zweiter 64, 67-68
Weltwirtschaftskrise 1929-1933 61
Werftindustrie, deutsche 68
Westindien 11, 57
Wilhelm I., König von Preußen 12
Willemstad 101
Wille, Theodor, Hamburg und Kiel 12, 33, 71
Woermann, Carl 14
Ybarra y Cia. Sudamerica S.A., Sevilla 101
Zwischendeck 29, 43, 44, 57

neu

Schiffs-Speisekarten

aus der Sammlung Peter Tamm
Essen und Trinken auf See

160 Seiten, 20,5 x 26 cm, über 200 Farb- und s/w-Abb., geb., mit Schutzumschlag, ISBN 3-7822-0678-9

Speisekarten aus vielen Jahrhunderten, liebevoll gesammelt und ästhetisch präsentiert, führen den Leser und Betrachter durch die Seefahrt- und Weltgeschichte. Ausgesucht schöne und interessante Abbildungen aus der Sammlung Peter Tamm. Ein optisches Vergnügen.

neu

Arnold Kludas

Die Cap-Schnelldampfer der Hamburg-Süd

Königinnen des Südatlantiks

112 Seiten, 21 x 27 cm, 114 s/w- und 8 Farb-Abbildungen, 5 Schiffsskizzen, achtseitige Klapptafel, gebunden, mit Schutzumschlag, ISBN 3-7822-0655-X

Rechtzeitig zum 125-jährigen Firmenjubiläum legt der bekannte Schifffahrtsautor einen prächtigen Bild-/Textband vor, der an die herausragende Stellung der Hamburg-Süd im Passagierdienst Anfang des Jahrhunderts erinnert. Ein Lesevergnügen für alle Freunde der Passagierschiffahrt.

Sonderausgabe

Arnold Kludas

Schnelldampfer *Bremen* und *Europa*

198 Seiten, 21 x 27 cm, 358 s/w- und 32 Farb-Abb.,1 Klapptafel, geb., mit Schutzumschlag ISBN 3-7822-0682-7

Mit den Schnelldampfern *Bremen* und *Europa* begann Ende der 20er Jahre eine neue Ära im internationalen Wettbewerb der großen Passagier- Reedereien. Mit seiner detaillierten Schilderung gelingt dem Autor ein facettenreiches Portrait einer vergangenen Epoche des Atlantik-Verkehrs.

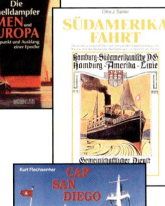

Kurt Flechsenhar

CAP SAN DIEGO

Ein Schiff und seine Mannschaft

164 Seiten, 21 x 27 cm, 117 s/w- und 32 Farb-Abb., gebunden, mit Schutzumschlag, ISBN 3-7822-0609-6

Der Autor, ehemaliger *CAP SAN DIEGO*-Fahrer, stellt ausführlich das letzte der legendären „Cap San"-Schiffe vor, das heute als Museumsschiff im Hamburger Hafen liegt. Mannschaft, Bordalltag, Technik und Geschichte werden lebendig.

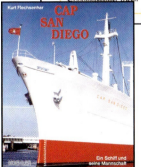

Otto J. Seiler

Südamerikafahrt

Deutsche Linienschifffahrt nach den Ländern Lateinamerikas, der Karibik und der Westküste Nordamerikas im Wandel der Zeiten

2. Auflage, 265 Seiten, 21 x 30 cm, 88 s/w- und 134 Farb-Abb., Quellenverzeichnis sowie alphabetische Sach-, Namens- und Schiffsverzeichnisse, geb., mit Schutzumschlag, ISBN 3-8132-0415-4

Die Geschichte der deutschen Linienschiffahrt zu den Ländern Lateinamerikas und der Karibik wird mit reichhaltigem Bild- und Quellenmaterial, Personen- und Schiffsnamenregister vor dem Hintergrund der engen Beziehungen zwischen Alter und Neuer Welt vorgestellt.

VERLAGSGRUPPE

KOEHLER/MITTLER

HAMBURG BERLIN BONN

195

Columbus Line

THE

1957 TO 1971

**Santa Rita
Santa Rosa** · 10,985 dwt

Ravensberg · 3,145 dwt · 12 passengers ·

Belgrano · 10,295 dwt · 12 passengers ·

**Cap Domingo
Cap Corrientes** · 4,304 dwt · 6 passengers ·
Cap Valiente · 4,340 dwt · 5 passengers ·

Cap Palmas · 12,728 dwt · 5 passengers ·

**Cap Blanco
Cap Frio** · 7,376 dwt ·
Cap Norte · 12 passengers ·
Cap Vilano · 7,879 dwt ·

**Cap Roca
Cap Verde** · 8,900 dwt ·
Cap Ortegal · 9,168 dwt · 7 passengers ·
Cap Finisterre · 9,267 dwt ·

FROM 1971

**Columbus New Zealand
Columbus Australia
Columbus America**

Columbus Canterbury · 20,100 dwt · 950 TEU ·
Columbus Louisiana · 20,100 dwt · 950 TEU · 8 passengers ·

Columbus Queens

dwt: deadweight

8